Llámame Jobulene

Una historia de valentía y determinación

Vera Simpson Gaines

Inks and Bindings
888-290-5218
www.inksandbindings.com
orders@inksandbindings.com

CONTENIDOS

DEDICATORIA:

Primero debo dedicar este libro al Señor Todopoderoso, porque sin Él no estaría aquí hoy. Segundo, le doy crédito a mi preciosa madre en el cielo por haberme criado en un hogar cristiano y por enseñarme desde muy temprana edad que nada es más importante que Dios. Ella me enseñó que solo estamos de paso por este lugar y que nuestro verdadero hogar está en el cielo con Dios y Jesucristo. Tercero, debo darle crédito a mi esposo Gary por haberme aguantado todos estos años, incluso cuando no ha sido fácil. Cuarto, tengo que agradecer a mis hijas Heather y Tiffany por ayudarme con la edición y el arte, pero sobre todo por hacer que mi vida valiera la pena cuando yo ya quería tirar la toalla.

CAPÍTULO 1

MI NIÑEZ

Nací el 9 de abril de 1949, la quinta de cinco hijos de Raymond y Clara Powell Trussell Simpson. Fui la única hija de la familia que nació en Houston, Mississippi. Mi padre era conservacionista de suelos, y la familia se mudaba mucho. No solo mi padre tenía un trabajo de ocho a cuatro, sino que también teníamos una lechería y una granja que atender. Eso significaba que todos teníamos que ayudar para que todo saliera adelante.

Al ser la última hija que mis padres tendrían, fui consentida y no se esperaba que hiciera mucho trabajo. Todavía escucho comentarios sobre lo consentida que fui, y seré la primera en admitir que sí, estaba malcriada hasta más no poder. Los bebés tienden a ser consentidos. Aprendí desde muy temprana edad a usar mis rizos dorados y mis grandes ojos azules para conseguir cosas y atención que yo pensaba que necesitaba. Para empeorar las cosas, yo era la última de nueve nietos por el lado de mi padre y la penúltima por el lado de mi madre.

The Birth Order Book es uno de los libros más reveladores que he leído en mi vida. Ese libro me explicó por qué sentía que no valía mucho dentro de la familia. Con cuatro hermanos mayores, la mayoría en un rango alto de inteligencia, y el hecho de que prácticamente todo lo que yo pudiera pensar en hacer ya había sido hecho, no quedaba mucho para mí. Temía no poder estar nunca a la altura de las grandes expectativas que se tenían de mí por venir de una familia talentosa y dotada.

Mamá siempre me decía que fuera yo misma y que no siguiera a la multitud. Recuerdo que una vez me preguntó: "Si todos saltaran de un acantilado, ¿tú también saltarías?". Yo pensé que era lo más tonto que le había escuchado decir. Decir cosas tontas no era el estilo de mi madre. Ella era extremadamente talentosa. Se fue a Blue Mountain College a la temprana edad de quince años. Estaba en el equipo de natación y tocaba el violín en la orquesta. También formaba parte del club de teatro, que a veces salía de gira. Supongo que si ella hubiera sido de las que siguen en lugar de liderar, no habría estado en la universidad a esa edad. Recuerdo que me contó que no muchos la aceptaban por su edad. Eso no la detuvo, y supongo que fue algo bueno, porque su tiempo aquí en la tierra fue muy corto. He aprendido que no es tan importante el año en que naces o el año en que mueres——sino lo que haces con el guion. Su guion estuvo lleno de toda una vida de amigos, gozo, felicidad, metas y también pruebas y tribulaciones. Mamá llenó sus cincuenta años con todo lo que el Señor necesitaba que hiciera. Yo solo tenía dieciséis años cuando enterré a mi madre, y en ese momento no entendía por qué Dios la necesitaba a ella más que a mí. Estuve enojada con Dios durante mucho tiempo.

Para empeorar las cosas, yo era la única hija que quedaba en casa, y no tenía una buena relación con mi padre. Me di cuenta de que mi padre se había enamorado de una de las enfermeras de mi madre, quien estaba casada, antes de que mi madre muriera. Mi corazón se rompió en mil pedazos. Le gritaba a Dios, preguntándole una y otra vez: "¿Por qué me estás haciendo esto?". Pensaba que Él debía estar castigándome por algo.

Las cosas pasaron de mal a peor cuando mi padre me hizo cancelar una cita para llevarlo a ver a Mary a otro pueblo, dos semanas después del funeral de mi madre. El esposo de Mary se había ido el día que murió mamá, rumbo a California para visitar a una de sus hijas durante un mes. Nunca en tu vida has escuchado algo tan repugnante como dos personas mayores coqueteando en la cocina mientras yo estaba sentada en la sala con la hija mayor de ella. Creo que si cualquiera de las dos hubiera tenido acceso a un arma, ambas estaríamos en prisión por asesinato. Ni siquiera pude hacer mi duelo por mi madre con todo ese desastre ocurriendo. Para hacer la historia corta, se casaron tan pronto como el divorcio de Mary fue definitivo, lo cual ocurrió en unos seis meses. A mí me internaron en el hospital por agotamiento y estrés. Yo no iba a asistir a la boda, pero mi hermana mayor, C.P., insistió en que fuera. Lloré durante toda la ceremonia. Mi vida se puso de cabeza cuando Mary se mudó a la casa y tomó el control. De repente, todas las reglas cambiaron y nada volvió a ser igual. Sentía que había ido al infierno y no encontraba el camino de regreso.

Nunca en mis sueños más locos pensé que mi vida o la de mi papá estarían en peligro, hasta una noche mientras estábamos cenando. Escuché que sonó el timbre y fui a abrir la puerta. Para mi sorpresa, allí estaba el exesposo de Mary. Le hablé y se comportaba de una manera muy extraña. Mi padre me llamó desde la cocina, preguntando quién estaba en la puerta. Yo no quería decírselo. Mientras me giraba para responderle, con la esperanza de que se quedara en la cocina, el exesposo de Mary entró a la casa, y no fue sino hasta ese momento, cuando me giré de nuevo, que vi el arma en su mano por primera vez. Para entonces, mi padre ya había entrado a la habitación, con Mary justo detrás de él. El exesposo de Mary estaba borracho y levantó el arma para dispararle a mi padre, con yo estando directamente en la línea de fuego. No hace falta decir que me quedé paralizada. Mi padre me ordenó que llamara al sheriff, pero no quería moverme por miedo a que el exesposo de Mary le disparara a mi padre a quemarropa. A esa distancia, sabía que no fallaría, estuviera borracho o no. Me ordenaron por segunda vez que llamara al sheriff, y lo hice. ¡Habla de buscar un número con urgencia! ¡Ahí fue cuando necesité el 911! Estaba temblando tanto que no sabía ni dónde buscar el número. Creo que al final marqué a la operadora y dejé que ella hiciera la llamada por mí. Esa fue la última vez que vi al exesposo de Mary. Sentí mucha lástima por él. Eso fue solo el comienzo de una larga pesadilla.

Necesito retroceder un poco aquí para mencionar otro momento decisivo en mi vida que cambiaría para siempre mi opinión sobre los hombres. Es increíble cómo el cerebro protege a los niños pequeños del abuso hasta que llega el momento en que cree que la persona puede manejar lo que ocurrió en su niñez. Era un día caluroso de verano, y decidí dar una vuelta por la granja con mi hermano mayor mientras él hacía sus labores. Ten en cuenta que este hermano era el favorito de mi padre. Yo tenía nueve años y Don tenía dieciocho. Era el más brillante y popular de la familia. Se graduó en el primer lugar de su clase y fue elegido Mr. Houston High School, entre muchos otros reconocimientos. No sé dónde tenía la cabeza ese día, pero en mi opinión, ese día cayó en desgracia. Yo lo había puesto en un pedestal y lo admiraba con el mayor respeto que una hermana puede tener por un hermano. Sin entrar en demasiados detalles, diré que me obligó, en contra de mi voluntad, a hacer algo que nunca olvidaré. Aunque no fui violada físicamente, emocionalmente sí fui violada. Desde ese momento, nunca pude permitirme quedarme sola en su presencia. Si tu propio hermano podía hacerte eso, entonces ¿qué no podría hacerte otro hombre? Este fue el comienzo de una larga cadena de problemas para mí.

Después, el abuelo de una de mis mejores amigas, que seguía a los equipos de baloncesto, solía visitar las casas de la gente con la esperanza de encontrar niñas solas en casa. Mi madre estaba en Mississippi State durante el verano cursando su maestría. Eso me dejó sola en casa cuando mi hermana decidió que necesitaba ir al pueblo a hacer unos mandados y mi padre estaba en el trabajo. Yo tenía trece años y era muy ingenua. Estaba en la cocina lavando los platos cuando escuché que tocaron a la puerta de la cocina. En esos tiempos no teníamos mirilla, así que abrí la puerta sin pensar que podía haber algún peligro detrás. Allí estaba uno de los pervertidos más viejos del pueblo, aunque en ese momento yo no tenía ni idea. Preguntó por mi madre, y yo de inmediato le respondí que estaba en Mississippi State haciendo su maestría, lo cual fue el error número uno. Pidió pasar a la casa, lo cual fue el error número dos. Yo seguí lavando los platos y, cuando terminé, le dije que tenía que irse. Cuando caminé hacia él para abrir la puerta, se acercó lo suficiente como para tocar el bolsillo de mi blusa, comentando que mi bolsillo era muy bonito. ¡Por favor! ¿Cuántos hombres viejos se fijan en si un bolsillo de una blusa es bonito o no? Ahí se me encendió una alarma. Le exigí que se fuera de inmediato, cosa que no hizo, sino que intentó seguir conversando. Lo fui empujando hacia el porche trasero, tratando de sacarlo de la casa. En ese momento, pasó mi prima en el carro y notó un vehículo extraño frente a la casa y que nuestro carro no estaba. Puso reversa y entró al camino de entrada. Me abrí paso junto al viejo y comencé a caminar hacia mi prima, tratando de contener las lágrimas. Ella se dio cuenta de que él me había hecho algo, así que exigió que se fuera de inmediato, y esta vez sí lo hizo. Kitty me llevó a su casa, a un cuarto de milla por el camino, y llamaron a mi padre para que regresara del trabajo. Puedo visualizar ese día con total claridad, como si hubiera sido ayer. Mi padre amenazó con matar al viejo si volvía a aparecer en nuestra propiedad. Nunca se lo conté a mi mejor amiga, lo que me lo puso muy difícil, sobre todo cuando iba a su casa, porque él vivía al otro lado de la calle. Me veía y se acercaba. Yo me encerraba en el baño hasta que se iba. Mi mejor amiga todavía no lo sabe.

Mi siguiente experiencia ocurrió en el hospital donde trabajaba para el doctor Dyer. Me indicaron que acompañara a un paciente ambulatorio a urgencias para que le retiraran unos puntos. No tenía idea de que ese hombre ya había causado muchos problemas incluso en la sala de espera del hospital. Pronto aprendí a mantenerme alejada de ese viejo. Me agarró en el pasillo y tuve que zafarme de su agarre. Salí corriendo por el pasillo con el viejo haciendo todo lo posible por alcanzarme. Pensé que mi trabajo había terminado cuando la enfermera del quirófano me informó que tenía que esperar y escoltarlo de regreso al área de pacientes ambulatorios. Esperé afuera de la puerta para poder tomar ventaja y arrancar primero. Si hubieras visto a ese viejo corriendo detrás de mí por el pasillo, te habrías reído a carcajadas, igual que los demás. Me molestaron bastante por ese episodio. Incluso el doctor me dijo que me quedara donde él pudiera vigilarme. Más tarde me enteré de que ese mismo hombre atacó a una enfermera mientras ella hacía llamadas con uno de los médicos, ¡y se necesitaron cinco personas para quitárselo de encima! Para ese momento, yo ya me preguntaba por qué los pervertidos parecían sentirse tan atraídos por mí.

Sin aburrirte más, hubo varias experiencias más en las que fui seguida y abordada por hombres. Solo quería darte un poco de contexto para que puedas entender por qué no he sido capaz de confiar en los hombres durante la mayor parte de mi vida, y cómo eso se relaciona con muchos otros problemas. Todo esto juega un papel importante en mi relación con mi Padre celestial y en lo difícil que fue creer que Él podía ser digno de confianza cuando otros no lo fueron.

Mis problemas de abandono también han tenido un papel importante en la forma en que he vivido con el miedo constante de que las personas que amo me dejen. Me recordaba una y otra vez el trato que intenté hacer con Dios mientras mi madre yacía muriendo. Yo quería que Dios me dejara ocupar su lugar. Que me llevara a mí y la dejara vivir a ella, porque tenía mucho más que ofrecerle al mundo de lo que yo tenía. Pero también había una razón egoísta detrás de mi petición. No quería quedarme atrás para vivir sin ella. ¡No quería vivir mi vida con tanto dolor! Si nunca has perdido a un ser querido, créeme. Es como si te sacaran el corazón con una cuchara cada minuto del día y de la noche. No tenía un sistema de apoyo en casa porque Mary no quería escuchar que se mencionara a mi madre, ya que sabía lo inferior que era en comparación con ella. Mary no le llegaba ni a los talones, y lo sabía. Mi madre haría ver mal incluso a la Madre Teresa. Le agradezco a Dios tan seguido como puedo por haberme permitido nacer de una mujer tan santa. Mi madre le habría dado la camisa que llevaba puesta a cualquiera que la necesitara. Gracias, Señor, por permitirme llamarla "mamá". Muchas personas en este mundo no nacen de buenos padres. ¡Aquí es donde realmente soy bendecida!

CAPÍTULO 2

LLEGA LA TRAGEDIA

Mi primera experiencia con la muerte llegó a los cinco años y, hasta ese momento, no había perdido a nadie de mi familia inmediata por esa causa. Mi primera pérdida fue un amigo muy querido de la familia, a quien yo consideraba una figura paterna. La mejor amiga de mi madre, la señora Inez Castle, fue lo suficientemente generosa como para ayudarla cuidándome cuando mamá decidió volver a trabajar. Yo tenía cuatro años en ese momento y al principio me quedaba un poco más arriba del camino con mi tía Catherine, de quien llevo el nombre, pero creo que ella también empezó a trabajar más o menos por la misma época. Como yo era tan pequeña, apenas puedo recordar todos los detalles.

La señora Castle me recibió cuando mamá empezó a trabajar a tiempo completo en la escuela en lugar de medio tiempo. Mamá comenzó trabajando medio tiempo como instructora de baile, y según algunas personas que pueden recordar tan atrás, yo iba con ella. Sí recuerdo los recitales de baile en la escuela porque participé en algunos de ellos. Mamá tomó clases de baile después de terminar la universidad y, en solo tres semanas, había aprendido lo suficiente como para abrir su propio estudio de danza. La mayoría de las clases las daba en casa. Mamá nos enseñó a todos a bailar; incluso los niños aprendieron a hacer tap.

El señor Castle fue una persona muy importante en mi vida. Me trataba igual que a todos sus hijos. Nancy era un año mayor que mi hermana C.P. Tommy tenía más o menos la misma edad que nuestros gemelos Don y John, quienes eran mayores que sus gemelos Johnny y Judy. Mi hermana Martha Lou venía justo después de sus gemelos. Luego estaba Jennifer, que era seis meses menor que yo. Así que nuestras familias estaban muy unidas en la iglesia, la escuela y en lo social. Ten en cuenta que Houston, Mississippi, era y sigue siendo un pueblo muy pequeño donde prácticamente todos se conocen, o al menos conocen a alguien que está relacionado con alguien que conocen. No hay muchos grados de separación allí. El señor Castle llegaba a casa por la tarde antes de que mamá viniera a recogerme. Todos los días, sin falta, Jennifer y yo mirábamos y esperábamos a que llegara J.T. para poder salir corriendo por la puerta y lanzarnos a sus brazos. Él levantaba a la que llegara primero y la lanzaba al aire, y luego alcanzaba a la otra y hacía lo mismo. Bueno, yo podía correr más rápido que Jennifer, y siempre era la primera en llegar a J.T. Me sentía muy orgullosa de eso, hasta que hace unos años descubrí cuánto la había afectado a Jennifer. Entonces deseé haber estado más atenta a la situación y haberle permitido ganarme algunas veces.

Una tarde, J.T. se metió debajo de la casa para revisar unos cables, y lo recuerdo con total claridad porque Jennifer y yo nos agachamos en la abertura y lo vimos desaparecer en la oscuridad, para no volver a verlo jamás. Nos fuimos a jugar y luego mamá vino a buscarme para llevarme a casa.

Esa noche, después de la cena, contesté el teléfono y alguien, muy alterado, dijo que necesitaba hablar con mi madre. Recuerdo haber escuchado a mamá gritarle a mi padre que habían encontrado a J.T. muerto debajo de la casa. Eso me perturbó tanto que despertó en mí muchas preguntas sobre la muerte. Recuerdo haber ido a la casa, y todos los muebles habían sido sacados de la sala, y el ataúd estaba apoyado contra la pared donde normalmente estaba el sofá.

Todos estaban tan angustiados que me dio miedo. Me aferré a la falda de mi madre y estaba muy confundida sobre por qué J.T. estaba acostado en esa caja y no se movía ni le hablaba a nadie. En el cementerio, mamá me mantuvo a cierta distancia porque yo estaba muy alterada. Recuerdo que todos lloraban tan fuerte que me partía el corazón. Estando allí, en ese cementerio, le pregunté a mi madre por qué todos estaban tan tristes.

Ella me dijo: "Porque no volverán a ver a su papá hasta que vayan al cielo". Hasta ese día no sabía que cuando una persona moría no podía regresar. Eso me molestó muchísimo y pasé mucho tiempo preguntándome por qué. La vida no es como la televisión, donde alguien muere y luego vuelve a aparecer en otro programa.

Mi siguiente experiencia con la muerte fue la muerte por quemaduras del padre de mi madre. Yo estaba en sexto grado cuando murió el abuelo Trussell. Veíamos a los padres de mi madre dos veces al año porque vivían en la Costa del Golfo, así que no los conocía tan bien como a los padres de mi padre, que vivían en el mismo pueblo que nosotros. Recibimos una llamada mientras estábamos en la escuela, así que no pude ver a mamá antes de que ella y mi padre salieran con tanta prisa, tratando de llegar a la costa antes de que mi abuelo muriera. El viaje duraba entre cinco y seis horas, y no llegaron a tiempo para verlo con vida.

El abuelo Trussell tenía un árbol de magnolia en su propiedad que era el más grande del mundo, y no quería que nadie lo supiera porque no quería turistas en su terreno queriendo verlo. Nos llevó allí varias veces para verlo y para columpiarnos de una cuerda que colgaba de la rama más baja, que era más alta que la mayoría de los árboles. Cuando llegábamos, las hojas eran tan profundas que casi me cubrían por completo. Mientras nosotros jugábamos, él barría las hojas y las quemaba.

El día que murió el abuelo Trussell, la gasolina debió salpicarse del bidón a sus pantalones sin que él se diera cuenta mientras caminaba hacia el lugar. Cuando encendió el fuego, las llamas subieron directamente por su ropa, quemándole más del 85 por ciento del cuerpo. Entró en estado de shock. Vivió solo unas pocas horas después de llegar al hospital. Fue mejor que no sobreviviera con quemaduras tan graves. No pude asistir al funeral porque estaba demasiado lejos. Mi madre se quedó un tiempo después del funeral para ayudar a la abuela a sobrellevar la pérdida. Mamá no hablaba mucho cuando regresó a casa. No supe cuán respetado era mi abuelo hasta que un día, mientras trabajaba en el árbol genealógico de la familia, encontré su obituario en el periódico. No sabía que había sido un cristiano tan ejemplar hasta que leí los comentarios que otros habían escrito sobre él. Supongo que pasé gran parte de mi tiempo jugando con mis primos y no llegué a conocerlo tanto como conocí a mi abuela. Creo que todos pasaríamos más tiempo con nuestros seres queridos si supiéramos que su tiempo es tan corto. Por eso para mí es tan importante tratar bien a los demás y decirles ahora cuánto significan para mí, mientras todavía tengo la oportunidad.

La siguiente experiencia fue la más devastadora para mí, tanto que casi pierdo mi propia vida al sufrir por la pérdida de mi madre, la persona más preciada para mí. Mamá nunca estuvo enferma. No faltaba a la iglesia ni a la enseñanza por enfermedad, hasta que le diagnosticaron cáncer. Yo tenía once años cuando a mamá, a los cuarenta y cinco, le dijeron que tenía cáncer de mama. La cirugía se programó tan pronto terminó el año escolar de verano. Recuerdo salir del ascensor en el hospital y verla instalada en su habitación, esperando la cirugía que tendría a la mañana siguiente. No me permitieron estar en el hospital mientras la operaban. Regresó a casa en poco tiempo, pero luego se fue a la escuela de verano en Mississippi State para tratar de retomar donde había quedado con su maestría. Su título era muy importante para ella. No creo que la abuela estuviera muy contenta con que mamá regresara tan pronto a la escuela. Me dio la impresión de que la abuela pensaba que debía quedarse en casa y cuidarse.

No recuerdo bien el tiempo exacto, pero el cáncer no había desaparecido por completo y tuvo que ir a Jackson, Mississippi, para recibir tratamientos de cobalto, que ella decía que eran muy dolorosos. Contaba que se ponía a soñar despierta conmigo bailando ballet para distraer su mente del dolor. Muchas veces me he preguntado si, de haberse operado en Jackson, habría tenido una mejor oportunidad de vencer esta enfermedad. Nunca sabremos la respuesta a esa pregunta. La cicatriz era horrible y había un lugar que no sanaba. Había un hueco enorme debajo del brazo izquierdo, donde tuvieron que extraerle muchos ganglios linfáticos. En ese entonces no sabíamos lo que eso significaría con el paso del tiempo. Hubo varias cirugías y más malas noticias: el cáncer se había extendido a los huesos. Después de muchas estancias largas en el hospital, mamá decidió que quería morir en casa. Respetamos su deseo y colocamos una cama de hospital en mi habitación, y yo me mudé al cuarto de al lado para poder escucharla durante la noche.

A los catorce años me entrenaron para ponerle inyecciones de morfina a mamá. Tendrías que saber cuánto odiaba las inyecciones de niña para entender cómo el personal del departamento de salud se estremecía cuando me veía llegar. Mamá comenzaba semanas antes a prepararme para las inyecciones que serían necesarias. No podía obtener mi pase de natación de verano si no me ponía los refuerzos. ¡La pobre enfermera del departamento de salud todavía debe recordarme! Me aparté de ella durante la vacuna contra la polio y le di una patada en la espinilla, y tuvo que salir a la sala de espera y pedirle a un hombre que viniera a sujetarme mientras me ponía la vacuna de nuevo. ¡Así que me pincharon dos veces! Supongo que ese fue el precio por ser tan difícil. Una vez le pedí a mi hermana que me clavara las uñas en la muñeca para distraerme mientras la enfermera me aplicaba la inyección. Sin embargo, ya me había vuelto inmune a las uñas de mi hermana porque solía usarlas conmigo. Se enfurecía cuando no me dolía. Después de un tiempo, dejó de hacerlo.

Practiqué con una naranja o un pomelo para aprender cuánta presión debía aplicar al tocar la aguja contra la piel, porque la cáscara de la fruta tenía un grosor parecido. Luego venía triturar la pastilla dentro de la jeringa y añadir el agua estéril. Después tenía que golpear la jeringa para que todas las burbujas de aire subieran y poder expulsarlas. Si entra aire en el torrente sanguíneo, te puede matar. Mamá me animaba durante todo el proceso porque sabía lo difícil que era esa tarea para mí. Yo había dicho desde los cuatro años que iba a ser enfermera porque mis hermanas decían que iban a ser maestras, y yo quería asegurarme de ser diferente. Los padres de mi madre eran maestros. Teníamos una familia llena de maestros. Recuerda que mamá siempre me decía que fuera diferente, que no siguiera a la multitud.

Ni qué decir tiene que no tuve una infancia normal, porque me vi obligada a asumir responsabilidades de adulta a una edad muy temprana y tuve que sacrificar pijamadas y otros eventos en los que todos mis amigos participaban. No podía ausentarme por mucho tiempo porque tenía que estar allí para poner las inyecciones. También tenía que levantarme durante la noche para masajearle los pies o los tobillos a mamá debido a puntos de presión o llagas por estar en cama. Luego estaban los baños y los enemas. Además, le daba de comer a mamá con cuchara en cada comida, excepto cuando yo estaba en la escuela. Durante las comidas le contaba todos mis problemas o actividades del colegio. No quería que escuchara a mi papá y a Mary en la mesa riéndose y hablando como si nada. Se escuchaba a través de las paredes. ¡Eso me enfurecía! Yo sabía que mi padre amaba profundamente a mi madre, y ese no era el mismo hombre que yo veía comportándose de una manera tan horrible. Siempre me habían dicho que "hasta que la muerte nos separe" era como se suponía que debía ser.

Sé que para ese momento la morfina ya no controlaba todo el dolor. Un día le pregunté cómo era el dolor. Mamá dijo que era como mil veces peor que un dolor de muela. Yo no soporto ni siquiera un dolor de muela. ¡Nunca he olvidado esa frase! Me ha perseguido una y otra vez. ¿Por qué Dios permitiría que una mujer tan maravillosa, dulce y cristiana sufriera durante cinco años con un dolor así? Mamá sabía que iba a un lugar mejor. Se preocupaba por papá. Sabía que nosotros creceríamos y formaríamos nuestras propias familias, pero no quería que papá se quedara solo. Si tan solo hubiera sabido lo que estaba pasando justo delante de sus narices. Sé que se habría opuesto, porque no habría querido que papá destruyera el matrimonio de otra persona a costa mía.

Mamá se fue a casa para estar con el Señor el 11 de julio de 1965, a la temprana edad de cincuenta años. Yo estaba sentada justo afuera de su ventana, en el columpio, con la tía Catherine, cuando nos dejó. Había entrado en coma unos días antes, así que no pude despedirme. Los días siguientes fueron borrosos para mí. Todo era demasiado difícil de procesar. Verla en el ataúd fue una de las cosas más duras que he tenido que hacer en mi vida.

La iglesia estaba llena, no cabía nadie más. Yo no podía ni levantar la cabeza. Quería salir corriendo de la iglesia gritando con todas mis fuerzas. Sentía que en cualquier momento iba a perder el control, y sabía que mamá no habría querido eso. Traté de ser fuerte por ella. Dios promete no darnos más de lo que podemos soportar, pero esto era demasiado para mí. Dios iba a tener que cargarme a través de esta crisis.

Todos regresaron a sus casas y a sus pueblos, y yo me quedé sola en casa lidiando con las consecuencias. Lloraba hasta quedarme dormida todas las noches y pasaba horas durante el día llorando hasta que ya no me quedaban lágrimas, y entonces llegaba la rabia. No quería que nadie me diera consejos ni palabras de sabiduría en ese momento. Solo quería morir. Ahí fue cuando aparecieron mis primeros pensamientos de suicidio. Realmente necesitaba terapia, pero nadie me la ofreció.

Intenté ahogarme en whisky cada vez que podía conseguirlo. Vivíamos en un condado seco, así que alguien tenía que conseguírmelo.

El whisky puede adormecerte por un corto tiempo, pero siempre despiertas con los mismos problemas que tenías al principio. Para empeorar las cosas, empecé a fumar al mismo tiempo. No me importaba si moría. Para mí, esa era la única salida.

¿Dónde estaba Dios en todo esto? Teníamos conversaciones con frecuencia, pero no eran buenas conversaciones. Yo descargaba mi enojo contra Él, especialmente cuando Mary volvió a entrar en escena. Seguía esperando despertar de esta pesadilla y que todo fuera solo un mal sueño. Lamentablemente, Mary se quedó, y yo salí por esa puerta cuando me fui a la universidad. Pasé dos años en casa soportando a esa mujer horrible, y ya no aguantaba más. Pasaron seis meses antes de que regresara a casa por las fiestas, y la mayor parte del tiempo lo pasé con amigos o en el sótano. Mary no me quería cerca porque yo me parecía mucho a mi madre y hablaba como ella. Yo era un recordatorio constante para mi padre de a quién había amado de verdad, así que no me trataban nada bien. No servía de nada quejarme con papá porque él no se enfrentaría al sistema. Mary era un verdadero terror, y él tenía que vivir con ella. Estoy segura de que mi papá pagó una y otra vez las consecuencias por haberse involucrado con Mary. Todos sufrían por su furia y, ¿adivina qué? Tenía una hija que no cayó lejos del árbol. Más adelante escucharás sobre mi hermanastra.

CAPÍTULO 3

SALVACIÓN

Los cinco fuimos criados en la iglesia, así que todos aceptamos a Jesucristo como nuestro Salvador personal a edades tempranas. Yo pasé al frente a los nueve años. Todos los que estuvieron presentes en mi bautismo lo recuerdan muy bien. Había tomado clases de natación dos veranos seguidos, así que para ese entonces ya dominaba bastante bien el estilo pecho. Si no me crees, solo pregúntales a quienes estuvieron allí esa noche. De alguna manera, cuando el pastor me sacó del agua, mi pie se resbaló de la tabla que tenían para que pudiéramos salir del bautisterio sin ningún problema… eso creían ellos. Cuando empecé a hundirme otra vez, de inmediato comencé a nadar para salir. ¡Acababa de ser salva y no quería ahogarme en el proceso! Traten de imaginarme nadando con los pies pateando como loca. Solo puedo imaginar lo mojado que debió quedar el pastor. ¡Mis ojos estaban fijos en los escalones! El director del coro me dijo más tarde esa noche que el dinero que mi madre había gastado en clases de natación había valido la pena. Yo solo me reí y me fui brincando. No lo vas a creer, pero volví a la Primera Iglesia Bautista para su aniversario número 150, ¡y todavía hay personas vivas que recuerdan esa noche! Estoy segura de que también escucharé algo al respecto en el cielo. ¡Ya me lo puedo imaginar!

Dios me bendijo con los mejores maestros de escuela dominical y de escuela bíblica de vacaciones que he conocido. Yo era muy buena en los ejercicios bíblicos. Me sentía muy orgullosa de lo rápido que podía encontrar los versículos. Memorizar versículos era un poco más difícil para mí. Tenía que estar en movimiento para recitarlos—no me preguntes por qué.

Me encantaba llenar las tarjetas de ofrendas para la campaña navideña de Lottie Moon y para otras misiones. Estoy segura de que todos hemos escuchado mil veces a la hora de la comida que había niños muriéndose de hambre en todo el mundo, y que por eso debíamos terminar lo que había en el plato. Sé que mi madre no era la única que decía eso. Hubo veces en que quería empacar mi plato y enviarles esa comida a esos niños hambrientos. Sé que mamá tenía buenas intenciones, pero creo que eso prepara a la gente para comer de más. Yo no hice eso con mis hijos.

Hay un versículo bíblico que instruye a los padres a criar a sus hijos en la iglesia, y que cuando sean mayores no se apartarán de ella. Yo creo firmemente en eso. Algunos de mis recuerdos más queridos están relacionados con la iglesia. No podíamos quedarnos en casa los domingos a menos que estuviéramos en el lecho de muerte. Y si faltabas a la iglesia, tampoco podías salir a ningún lado más tarde ese día. Me aseguré de aplicar las mismas reglas en mi propio hogar.

CAPÍTULO 4

ABANDONO

Por mucho que quisiera irme de casa, creo que lloré más que nadie en la graduación, de los sesenta y tres graduados. Todos íbamos en direcciones diferentes. Yo me había inscrito para ir a la Escuela de Enfermería Gilfoy en Jackson, Mississippi, y nadie más de mi clase lo había hecho. Dos semanas antes de irme a Jackson, cambié de opinión y decidí ir a Mississippi State junto con varios otros de mi clase. Bastantes de mis amigos se fueron a la universidad y tomaron clases de verano. Ojalá yo hubiera hecho eso. No había nada que hacer en un pueblo tan pequeño, así que la mayor parte de mi tiempo la pasé tomando el sol y yendo a pijamadas.

Por fin llegó el otoño y me fui a la universidad. Todo parecía tan diferente y emocionante en Starkville, Mississippi. Había pasado mucho tiempo allí con mi familia asistiendo a partidos, así que no me resultaba totalmente extraño. Era más bien como un segundo hogar. Mi hermano Don era ingeniero nuclear en Starkville, así que no estaba completamente sola sin alguien a quien pudiera llamar si necesitaba ayuda.

Trabajaba casi cuarenta horas a la semana en la biblioteca, entre clases, por las noches y los fines de semana. No me tomó mucho tiempo darme cuenta de que no tenía buenos hábitos de estudio. Después de un año y medio, tuve que tomar la decisión de que necesitaba estar del otro lado del escritorio o me pedirían que me fuera, como ya les había pasado a dos de mis amigas más queridas. No estaba acostumbrada a sacar F. Mi hermana me llamó y me amenazó con mandarme a Blue Mountain College si no me ponía las pilas. Eso sí que es motivación, si alguna vez la he escuchado. Mi madre y mi hermana mayor se graduaron de allí. Yo no quería asistir a una universidad solo para mujeres. Me gustaban más las probabilidades de chicos a chicas en Mississippi State. Cuando asistí en el 67, había ocho chicos por cada chica. A donde volteabas, había chicos y más chicos.

Seguí con mis actividades deportivas mientras estaba en State. Jugué fútbol, baloncesto y softbol intramuros. De hecho, después de completar todas mis materias básicas, tomé cursos de educación física con la esperanza de especializarme en E.F. y algún día ser entrenadora. Me dijeron que no existía un programa de especialización para mujeres. Convencí al director de deportes para que me dejara tomar los cursos y, cuando fui a inscribirme, me negaron las tarjetas para esas clases. Encontré a mi hermano en la mesa de ingeniería nuclear y fue conmigo a hablar con el entrenador que entregaba las tarjetas. Después de muchas explicaciones, el entrenador prácticamente me lanzó las tarjetas. Mi primer día de clase me dejó en shock cuando el entrenador entró al salón. Me dije a mí misma: "Bueno, aquí viene otra F". Para empeorar las cosas, les había contado a algunas de mis hermanas de la hermandad que había logrado entrar a algunas de esas clases, así que ellas también se inscribieron. No fui la chica más popular del curso. No supe hasta mucho después que yo había sido la primera mujer en insistir en tomar clases de educación física. Gracias a Dios no reprobé Atletismo ni Natación. ¡Qué vergüenza habría sido eso!

Tenía mucho que madurar durante la universidad. No recibí ningún apoyo de mi padre, ni emocional ni económico. Mary se negó a permitir que mi padre me diera siquiera un centavo. Tuve que pedir ayuda durante los últimos dos años o iba a tener que abandonar y trabajar un tiempo. Mis abuelos intervinieron y pagaron la matrícula y los libros, y el resto quedó en mis manos. No había manera de que me dejaran abandonar después de que ocho nietos se habían graduado antes que yo.

Durante todo el tiempo que estuve fuera de casa me sentí abandonada por mi familia. Todos tenían sus propias vidas, y yo no formaba parte de ellas. Ocasionalmente, cuando mi novio regresaba a su casa, yo viajaba con él a West Union, Mississippi, para visitar a mi hermana Lou. Mississippi State se había convertido en una universidad de maletas, y era muy solitario quedarse en el dormitorio los fines de semana.

Creo que lo que más extrañé durante mis años universitarios fue asistir a la iglesia. A veces nuestra hermandad iba junta y se sentaba como grupo, pero yo necesitaba involucrarme en el estudio bíblico. No oraba de manera regular. Tenía a Jesús en un estante y no lo buscaba a menos que estuviera en una necesidad desesperada.

Cuando descubrí que mi prometido me estaba engañando y que lo había hecho durante los dos años y medio que salimos, me quedé devastada por todas las mentiras y engaños. Otro hombre me había decepcionado y ya no se podía confiar en él jamás. Yo no sabía que Dios estaba trabajando en otro hombre que cambiaría mi vida para siempre. No nos preocuparíamos tanto si pudiéramos entender que Dios tiene el control las 24 horas del día, los 7 días de la semana. Él nunca duerme. Pero, sobre todo, no necesita nuestra ayuda. Siempre he querido arreglar todo yo misma. Si hubiera sido paciente, tal vez habría tenido una vida más fácil.

Necesitaba encontrar quién me llevara a Clarksdale, Mississippi, para poder ir a inscribirme en la escuela de verano y asistir con mi hermana C.P. a Delta State College. Pensé que un cambio durante el verano era justo lo que necesitaba. Qué poco sabía cuánto lo era en realidad. Llamé a varias personas que conocía en Clarksdale y ninguna iba a regresar ese fin de semana en particular. Llamé a mi hermana para decirle que no podía encontrar transporte, y ella me informó que ya me había conseguido un viaje con Gary Gaines. Me indicó que lo llamara al dormitorio de primer año. Él no estaba, pero un amigo mío con quien había ido a la secundaria contestó el teléfono y dijo que le daría el mensaje a Gary. No pasó mucho tiempo antes de que Gary me llamara y me dijera cuándo saldríamos y dónde encontrarnos. Esperé afuera del dormitorio con mi maleta, y nunca olvidaré ese pequeño Falcon azul entrando al círculo para recogerme. Me pregunté por qué se estaban riendo. Más tarde supe que cuando le preguntaron a mi hermana cómo era yo, ella les dijo que estaba gorda. Quise matarla por decir eso.

Me senté en el asiento de atrás y no pasó mucho tiempo antes de que estuviera sentada al borde del asiento. Siempre me ha puesto nerviosa que manejen tan pegados a otros autos. Temí por mi vida incluso antes de salir de la ciudad, y teníamos un viaje de dos a tres horas hasta el delta. Gary y su compañero de cuarto tenían muchas preguntas, y yo también. Quería saber cómo conocían a mi hermana. Ella les había dado clases de historia en Coahoma High School. El fin de semana pasó volando y, antes de darme cuenta, Gary y Doug ya estaban de regreso para recogerme y volver a Mississippi State. Esta vez Doug manejó, y insistieron en que me sentara adelante con ellos, lo que quedó bastante apretado. A mí no me molestó en absoluto, y creo que a ellos tampoco. Así comenzó un torbellino de citas entre Gary y yo. Nos casamos nueve meses después.

Durante los últimos dos años de mi vida universitaria, perdí a la abuela Trussell a causa del huracán Camille, y el abuelo Simpson murió de parálisis de St. Palsy. Ellos eran dos pilares muy importantes en mi vida. El abuelo Simpson no se sentaba a la mesa a menos que yo estuviera a su lado. Yo era la única a la que dejaba peinarle o cepillarle el cabello, y ¡cómo me encantaba eso! Él fue el único hombre en quien confié completamente, aparte del tío Arnold, por supuesto. El abuelo me dejaba hacer casi todo lo que yo quisiera. Incluso me dio mi apodo antes de que naciera. Está en la pulserita de bebé que me dio el hospital.

Mi abuela se llamaba Vera Beatrice Beck Simpson, y al abuelo no le gustaba el nombre Vera, así que la llamaba Beattie. Cuando se enteró de que yo me iba a llamar Vera Catherine Simpson, decidió de inmediato ponerme el apodo de Veedie. Así que la familia me llamaba Veedie, y en la escuela me llamaban Vera Catherine. Es algo muy sureño eso de tener un nombre doble. Siempre me he sentido orgullosa de mi nombre porque tanto mi tía como mi abuela han tenido papeles muy importantes en mi vida, especialmente después de que mamá falleció. Hasta el día de hoy, la tía Catherine siempre ha estado ahí para mí. Es la única que sigue con vida de esa generación. La llamo con frecuencia. Mis viajes a Houston son para verla a ella y a mis compañeros de la secundaria. También tengo que pasar manejando frente a la antigua casa familiar. Lamento haber vendido la propiedad, porque me encantaría poder caminar por ahí y sentarme bajo ese viejo roble donde pasé tanto tiempo. Pasé cientos de horas en el patio buscando tréboles de cuatro hojas. No creo que esperara que la suerte me sonriera, pero era una actividad tranquila que me permitía escapar de la realidad durante horas.

El otro lugar donde pasaba mucho tiempo era en la tumba de mamá. Supongo que allí me sentía más cerca de ella. Había un árbol que daba sombra a su tumba, y yo me sentaba debajo y le hablaba. Lloraba más de lo que hablaba. Han pasado treinta y ocho años, y todavía lloro cuando pienso en ella y en la horrible muerte que tuvo que atravesar. Sigo preguntándole a Dios por qué a personas tan buenas les pasan cosas tan malas. En ninguna parte de la Biblia dice que si lo seguimos no tendremos pruebas o tribulaciones. De hecho, dice lo contrario. Él nos instruye en Mateo 7:24: "Por tanto, cualquiera que oye estas palabras mías y las pone en práctica es como un hombre prudente que edificó su casa sobre la roca". No me gusta pensar cómo habría manejado las cosas si no hubiera tenido la base de la que Dios habla. Él sabe lo que nos espera, y nosotros no tenemos idea de lo que viene. Me he preguntado cientos de veces cómo una persona que no cree maneja las tragedias de la vida sin el Señor. ¿Qué esperanza tienen? Ninguna, por lo que yo veo. Si no hubiera sabido que Dios y Jesucristo estaban a mi lado, cargándome y consolándome todos los días de mi vida, no habría llegado hasta aquí.

Hasta el día de hoy, en cierto sentido, todavía me siento abandonada. No tengo muchos amigos cerca, así que hablo mucho por teléfono o le escribo correos electrónicos a alguien todos los días. Si no fuera por mis perros, creo que me sentiría aún más sola. Supongo que al crecer había tanta gente alrededor que me acostumbré a estar rodeada de muchas personas. Me encantaría pasar más tiempo con las chicas, pero ellas tienen vidas muy ocupadas. Tendré que esperar a los nietos.

Tantas personas en mi vida han muerto y otras están muriendo ahora, y siempre me ha costado mucho dejarlas ir. Para empeorar las cosas, Gary siempre ha dicho: "Cuando yo muera, tendrás que saber hacer esto o aquello". Él piensa que, como su padre murió joven, él también morirá joven. Sí tiene una personalidad tipo A. Antes eso me molestaba mucho, pero ahora soy una persona más fuerte y siento que podría pasar el resto de mi vida sola. Probablemente compraría más animales. El único inconveniente es que cuando quieres salir de la ciudad, tienes que conseguir a alguien que los cuide.

CAPÍTULO 5

INDEPENDENCIA

Los únicos años en los que realmente he sentido que pude tomar decisiones por mi cuenta fueron los de la universidad. No siempre tomé las mejores decisiones, pero ¿quién lo hace? Todos somos humanos y todos hemos cometido errores que quisiéramos poder deshacer. Eso es parte de crecer. Si de verdad hubiera una oportunidad de volver atrás, no habría pasado dieciocho años de mi vida consumida por el dolor. Eso me robó tantos momentos felices que pude haber pasado con mi familia y mis amigos. Sé que, si mamá pudiera volver para decirme una sola cosa, habría sido que siguiera adelante con mi vida. El tiempo es tan corto y hay mucho por hacer para el Señor. Es responsabilidad de todo cristiano compartir las buenas nuevas por toda la tierra. ¿Alguna vez has pensado en lo feliz que será la última persona que sea salva cuando se dé cuenta de que fue la última a la que se le permitió entrar al cielo? ¡Eso sí que es entrar raspando! Yo sé que no voy a ser esa persona.

Finalmente he llegado a entender que Satanás hace todo lo posible para hacer miserables las vidas de los cristianos porque está furioso de haber perdido nuestras almas para Cristo. Satanás sabe que es un enemigo derrotado y sabe cuál será su futuro. Mi frase favorita es: "Cuando Satanás te recuerde tu pasado, recuérdale su futuro". ¡Me encanta!

Cuando era niña, veía caricaturas y recuerdo haber visto a un niño con un ángel en un hombro y un diablo en el otro, cada uno tratando de que el niño eligiera su camino. Hoy, cuando tengo pensamientos negativos, me imagino esa escena. Uso mis dedos y saco al diablo de un golpecito de mi hombro. Me da tanta alegría poder hacer eso. Somos los únicos que podemos controlar nuestros pensamientos. Si usáramos el poder del nombre de Jesús, podríamos hacer muchísimo más. Los demonios tienen que huir cuando se menciona el nombre de Jesús. A través del poder del Espíritu Santo hay tanto que podemos hacer en Su nombre. Yo lo he visto suceder.

Dios siempre pone personas especiales en nuestras vidas, y yo he sido bendecida muchas veces. Tengo una amiga muy querida que conocí en la iglesia y que Dios sabía que yo necesitaba en mi vida. Mamá Dot no tuvo hijos, así que adoptó a varias de nosotras de la clase de damas. Ella ha sido fundamental para que yo aprendiera a usar el aceite ungido, algo a lo que nunca había estado expuesta antes. Me ha guiado en mi caminar con el Señor y ha compartido su vida conmigo. Sin duda, la sabiduría llega con la edad para la mayoría de las personas. Fíjate que dije la mayoría. Hay algunos que se niegan a madurar, como Peter Pan.

Ojalá hubiera tenido el conocimiento que tengo ahora cuando era más joven, pero Dios ha estado obrando en mí de manera constante. Es maravilloso cómo Él nunca nos abandona, aunque haya momentos en los que pensamos que estamos solos. Nunca estamos solos. A lo largo de los años, C.P. ha tenido que recordarme que me apoye en las promesas de Dios. Yo tenía que ir a buscarlas. No habría podido citártelas ni para salvar mi vida. ¿Cuántos de nosotros podemos recitar los Diez Mandamientos? No muchos. No sé por qué no seguimos memorizando versículos bíblicos cuando somos mayores, pero no lo hacemos. A mí me cuesta recordar, así que imprimo versículos y los coloco en lugares donde se puedan ver claramente, como en los espejos del baño. Todos nos miramos allí varias veces al día. He aprendido por las malas que no hay mejor camino que depender del Señor. No podemos hacer las cosas solos. Cuando nosotros no podemos, ¡Él sí puede!

32

CAPÍTULO 6

MATRIMONIO

Cuando era niña, solía soñar despierta con casarme. ¿Qué niña no lo hace? Soñaba con que todo fuera perfecto en todos los sentidos. Tenía buenos matrimonios y sólidos como ejemplo: los de mis abuelos y el de mis padres. ¿Por qué el mío no iba a ser igual? Me enamoré perdidamente, pero antes de eso ya había pensado que esa persona sería con quien pasaría el resto de mi vida. Al crecer fui muy cambiante. Un chico me gustaba una semana y otro chico la semana siguiente. ¿Cómo se suponía que iba a encontrar a una sola persona con la que pudiera pasar el resto de mi vida? Eso me aterraba. ¿Y si elegía mal? La mayoría de mis rupturas fueron porque yo decidí terminar las relaciones. Mi primera ruptura que fue decisión del novio ocurrió justo después de que mamá murió, y fue un golpe devastador. Fue el primer chico al que de verdad sentí como mi alma gemela. Éramos tan cercanos que nunca imaginé que tomaríamos caminos separados. ¿Cómo se suponía que debía seguir con mi vida después de perder a dos personas tan importantes en tan poco tiempo?

Luego llegó mi último año de secundaria y otro novio formal. Terminamos en julio porque él quería salir con otras personas, a pesar de que íbamos a asistir a la misma universidad. Solo salimos dos veces más: una vez en la universidad antes de que él se fuera a la guerra y otra cuando regresó. La última vez que vi a Sammy fue en el

Hospital de Veteranos en Memphis, Tennessee, muriendo de cáncer. Creé un fondo de becas para sus hijos porque sentía mucha tristeza de que tuvieran que crecer sin su papá. Yo tenía mucha experiencia en ese tema.

Después vinieron dos años y medio de una relación muy destructiva. Perdí esos años en una relación sin futuro que no era buena para ninguno de los dos. Fue durante ese tiempo que Dios puso a mi futuro esposo en el camino. Conocí a Gary mientras Jim y yo aún intentábamos arreglar las cosas. Dios dejó muy claro que debía terminar el compromiso con Jim.

Gary y yo salimos casi todas las noches durante mi último semestre en Mississippi State, antes de que me fuera a West Union para hacer mis prácticas docentes. Nos escribíamos cartas y hablábamos por teléfono algunas veces, pero en realidad no nos vimos hasta que lo llamé durante las vacaciones de Navidad y le pedí que viniera a Houston a verme. Cuando entramos por la puerta, tuve esa sensación de que él era la persona con la que debía pasar el resto de mi vida. Hablamos y le pedí que se casara conmigo. Como era de esperarse, no había planes, así que nos escapamos y nos casamos. Ahora entiendo por qué existen clases para parejas donde se discuten temas muy importantes antes de casarse. No habíamos hablado de dónde viviríamos, cómo manejaríamos el dinero y, sobre todo, de si él quería hijos o no. Yo no tenía ninguna duda de que quería hijos. Solía decir que tendría cinco, igual que mamá. Con los años, ese número fue disminuyendo.

Empezamos con diez dólares cada uno y una tarjeta de crédito de Gulf a mi nombre. Tuvimos que pagar el hotel con mi tarjeta de gasolina. Yo no tenía carro, así que no sé por qué solicité una tarjeta de gasolina. Supongo que esperaba que alguien me regalara uno para la graduación. Si de comienzos humildes se trata, este fue el caso. ¿Has escuchado a alguien decir: "No se puede vivir solo del amor"? Nosotros lo aprendimos a las malas. No habríamos tenido anillos, pero el compañero de cuarto de Gary, Doug, y su padre nos dieron 100 dólares, y Gracie también nos dio dinero.

Vivimos en una cabaña en la propiedad del tío Arnold porque no había otro lugar donde vivir. Vivimos sin pagar renta durante seis meses como regalo de mi tía y mi tío, lo cual ayudó muchísimo. Mis abuelos llenaron el refrigerador y la despensa. Nunca supe lo caro que era empezar desde cero.

Conseguí un trabajo como maestra en mi antigua escuela con un certificado B porque me faltaban cuatro créditos para terminar la carrera. Terminé y me gradué en enero de 1972, un año completo después de habernos casado. Gary todavía estaba estudiando, así que la situación era extremadamente ajustada. Para empeorar las cosas, tuvimos que mudarnos al sótano de la casa de papá porque mi tía y mi tío necesitaban alquilar la cabaña para generar ingresos. Gracias a Dios solo fue por un año. No habría podido quedarme ahí ni un minuto más.

Finalmente llegó el día de la graduación de Gary y nos mudamos a Jackson, Mississippi, para su primer trabajo de verdad. Yo no pude encontrar trabajo en Jackson, así que un primo me consiguió una entrevista en Copiah Academy. Quedaba a veintiséis millas al sur de nuestro apartamento, lo que hacía fácil simplemente tomar la autopista y arrancar.

Éramos miembros de la Iglesia Bautista Alta Woods, que quedaba cerca de nuestro apartamento, y nos involucramos en actividades deportivas de la iglesia. Todo iba muy bien mientras asistíamos juntos a la iglesia, pero eso no duraría mucho.

Luego vino una gran mudanza a Nueva Orleans, Luisiana, que quedaba muy lejos de la familia y los amigos. Hicimos amistades, pero no eran del tipo con las que uno va a la iglesia. Noté que Gary bebía cada vez más. Yo no necesitaba beber para socializar, pero algunas personas sí. Supongo que él era de los que necesitaban soltarse primero. Empezaron a surgir problemas con su comportamiento. Le di varias advertencias, pero no sirvieron de nada. Yo quería empezar nuestra familia y él quería seguir con su buena vida junto a sus amigos de bebida. Me había prometido que empezaríamos después de seis años. Pasaron los seis años y no estaba listo. Quería una casa primero. Vivíamos en una comunidad para adultos que no permitía niños. Al final tuve que poner un alto. Yo estaba a punto de cumplir veintisiete años y tenía miedo de esperar más por temor a tener un hijo con problemas de salud. No me estaba haciendo más joven.

Los años siguieron pasando y la bebida empeoró. La mayoría de nuestras peleas eran por dinero. Aprendí que no se trata del dinero, sino del control. Gary era un obsesivo del control y quería controlar todo y a todos. Se hizo cargo de las compras del supermercado porque yo no podía hacer rendir el dinero para comprar suficiente comida para la familia. Varias veces me dio el presupuesto para ver si yo podía hacerlo mejor. Simplemente no había suficiente dinero para todo. Le descontaban el 6 por ciento de su sueldo antes de recibir el cheque. ¿Cuántas familias pueden darse el lujo de hacer eso?

Me vi obligada a dejar mi trabajo por problemas de salud, lo que añadió aún más tensión al matrimonio. Me fui deprimiendo cada vez más. Empecé a pensar que había cometido un terrible error al elegir a Gary como pareja, y hubo momentos en los que deseé que simplemente se fuera o muriera. Necesitaba paz a cualquier costo.

Luego comenzó el abuso físico, y tuve que pedir ayuda. No había forma de que me sometiera a eso y pusiera en riesgo la salud de las niñas. Mi hermana y su esposo vinieron a hablar con Gary. Por supuesto, él les mintió. A partir de ese momento, ya no pude confiar en él.

Los dolores de cabeza empeoraron cada vez más. La presión de tanto llorar solo añadía más problemas. Subí de peso debido al estrés y a los diferentes medicamentos que estaba tomando. Era miserable. Los pensamientos de suicidio volvieron a aparecer, pero esa no era la respuesta. No estábamos asistiendo a la iglesia, y yo necesitaba ayuda desesperadamente. Asistí a algunas iglesias en el área de Jackson, pero no me sentí bienvenida. Mi vida estaba hecha un desastre y no había apoyo por ningún lado. Gary y yo no nos hablábamos, excepto para pelear. No nos poníamos de acuerdo en nada. En ese punto, decidí que cuando las niñas fueran lo suficientemente grandes para irse a la universidad, entonces dejaría a Gary. Ese fue el único alivio que pude encontrar. Él se negó a ir a terapia.

Me descubrí buscando a alguien más mientras viajaba por carretera trabajando en proyectos de investigación. Ya había tirado la toalla con esta relación, así que estaba velando por mí misma. Tenía deudas en tarjetas de crédito y sabía que tendría que encontrar a alguien que pudiera ayudarme a salir de ellas. Gary seguro que no iba a rescatarme. Sabía que después del divorcio me quedaría con parte de la deuda. Ni siquiera puedo empezar a decir cuánto he gastado criando a las niñas a lo largo de los años. Sé que supera los 165,000 dólares. Sabía que, una vez que Gary se enterara de cuánto debía, me iba a dejar. Ya lo había dicho. Yo ni siquiera sabía cuánto debía en realidad. Tenía demasiado miedo de sumar los totales. Cuando por fin nos sentamos y pusimos lápiz sobre papel, la deuda superaba los 42,000 dólares. Creo que yo estaba tan sorprendida como él por la cantidad.

Solicitamos un préstamo hipotecario para pagar las tarjetas porque las tasas de interés estaban por encima del 21 por ciento. Yo solo había estado pagando los intereses y seguía viviendo con las tarjetas. Estaba esperando que los cortes de madera pagaran el préstamo, pero no llegaron, aunque el contrato decía que habría cortes cada cuatro a seis años. Usé durante años los pagos del arrendamiento de la madera para cubrir los intereses del préstamo. Gary pagaba parte de los intereses y algo del capital cada año. Luego llegó el día en que Gary dijo que iba a solicitar el divorcio. Fue el viernes anterior al té de bodas de Tiffany en la iglesia. ¿Momento perfecto para quién? ¡Yo quedé devastada! Estaba tan alterada que terminé en el hospital tres semanas antes de la boda. Fue entonces cuando los médicos me realizaron el segundo cateterismo cardíaco. Tenía acumulación de líquido alrededor del corazón y estaba programada para que me lo retiraran. Aquí puedo alabar a Dios. Él retiró el líquido sin que tuvieran que usar una aguja para hacerlo. Pude compartir ese milagro con el personal que me atendía ese día. ¡Realmente fue un milagro!

Después de la boda, Gary y yo comenzamos terapia matrimonial con el doctor Tom Elkin en Memphis, Tennessee. Han pasado dos años y medio y ha sido un camino muy duro. Hemos tenido que reconstruir la confianza entre nosotros. Le agradezco a Dios por el doctor Elkin. No solo nos ha ayudado a volver a armar nuestras vidas, sino que también nos ha acompañado durante cirugías muy difíciles. Yo sigo viendo al doctor Elkin para que me ayude con los problemas de la vida. Siempre hay algo pasando en mi vida. ¡Siempre digo que nunca hay un momento aburrido! Creo que necesito agradecerle a Dios por pensar que podía manejar todos estos problemas con Su ayuda. Había considerado escribir un libro antes, pero el doctor Elkin me convenció de que había personas que necesitaban escuchar mi historia. Quiero que quede claro que no escribí este libro para dañar a nadie de ninguna manera. Esta es la vida que Dios me dio.

CAPÍTULO 7

NIÑOS

Después de unos meses de intentarlo y sentirme tan decepcionada, por fin quedé embarazada de nuestra primera hija, Heather. Fue uno de los días más felices de mi vida verla tan sana, con sus diez deditos en los pies y sus diez deditos en las manos. Me sentí tan aliviada. Tuvimos carro nuevo, casa nueva y un bebé con menos de dos meses de diferencia entre una cosa y la otra. Fueron cambios enormes.

Luego llegó la noticia de que nos mudábamos de regreso a Mississippi. Esa es una de las cosas del Federal Land Bank: nunca sabías cuándo te iban a avisar, con solo dos semanas de anticipación, que te tenías que mudar. Eso sí que era poner todo patas arriba. Siempre provocaba una reacción en cadena. Para subir en la escalera corporativa, tenías que estar dispuesto a mudarte a donde te dijeran. Esa es una parte del mundo de los negocios que no me gusta nada. Nunca había visto algo así en mi vida y no estaba segura de querer ser parte de una organización de ese tipo. Me gustara o no, ese era el trabajo de mi esposo.

Mientras se estaba poniendo la base de nuestra nueva casa, me enteré de que estaba embarazada de nuestra segunda hija, Tiffany. Seguí trabajando, pero hubo problemas de salud con Tiffany que me hicieron faltar mucho al trabajo. Después de unas pruebas en el Hospital Le Bonheur en Memphis, nos dijeron que su sistema nervioso no estaba completamente desarrollado y que se esperaba que superara las convulsiones con el tiempo. Yo estaba hecha un manojo de nervios. Pensaba que yo la había dañado cuando se me cayó a los dos meses de nacida.

Intenté contratar ayuda para que cuidara a las niñas en la casa, pero tuve que despedirla cuando llegué un día y la encontré dormida en el sofá. Más tarde, cuando Gary me preguntó quién se había tomado su vodka, me di cuenta de que la niñera había estado bebiendo, llevando visitas a la casa y haciendo llamadas de larga distancia con nuestro teléfono. Mi trabajo no valía la pena a ese precio.

Lo que más me fue desgastando con los años fue tratar de criar a nuestra familia mientras seguía trabajando. Estaba quemando la vela por ambos extremos, y los problemas de salud empezaron a alcanzarme. Me vi obligada a dejar el trabajo después de repetidas visitas a la sala de emergencias por migrañas, faringitis estreptocócica, gripe y, finalmente, neumonía. Para colmo, estaba teniendo problemas ginecológicos. Creo que eso fue lo más cerca que estuve de un colapso nervioso total. Me mandaron a cama con varios medicamentos que me hacían dormir mucho y subir de peso. Me sentía completamente fuera de control.

Heather se enfermaba más y más cada día. Creo que Dios quería que yo estuviera en casa para que pudiera darme cuenta de que se estaba gestando un problema serio con Heather. Hicimos una corrida a medianoche a emergencias por vómitos incontrolables, y fue entonces cuando la doctora que la atendió me dijo que pensaba que Heather se odiaba a sí misma. Las piernas me flaquearon tanto que apenas podía mantenerme en pie. Seguramente esa mujer, que nunca nos había visto antes, estaba equivocada. ¿Qué veía ella que yo no veía? Yo era la que estaba con Heather las 24 horas del día, los 7 días de la semana. ¿Cómo pude no darme cuenta?

Por indicación del médico, pedí una cita con un psicólogo clínico para que la evaluara. El doctor Baugh se sentó conmigo para hablar de los resultados de las pruebas y, efectivamente, Heather había sentado las bases de un trastorno alimenticio. En ese entonces no había mucha información sobre estas enfermedades, pero sí recuerdo *Katie's Secret* y el interés de Heather por esa película fue como nada que yo hubiera visto antes.

Luego vino otro viaje a emergencias que terminó en una hospitalización de una semana, con todo tipo de exámenes. Fue ahí cuando realmente me preocupé. Las cosas no iban bien en el trabajo y había rumores de que los bancos de crédito agrícola estaban quebrando. El doctor Baugh se había ofrecido a ayudar a Gary a enfrentar la quiebra, pero él se negó a ir a terapia. Después llegó la noticia de que los rumores eran ciertos, así que Gary pasó al área de ejecuciones hipotecarias, lo que significó que nos mudábamos una vez más.

Todos estábamos muy afectados por perder la casa, tener que mudarnos, hacer nuevos amigos otra vez, asistir a nuevas escuelas y dejar atrás al conejo. No habría espacio para el perro y el conejo en un apartamento pequeño en Starkville. Todo eso era demasiado para que una sola persona lo manejara. No es de extrañar que las niñas estuvieran sufriendo tanto. Sin embargo, hubo una iglesia maravillosa y un pastor maravilloso que nos ayudaron a atravesar esa transición. El doctor Lloyd bautizó a las niñas en la misma agua. Fue el momento más dulce de mi vida. Ver a las dos niñas entregarse al Señor de una manera tan hermosa fue algo que todos disfrutamos. Gracias a Dios, nadie salió nadando.

No pasó mucho tiempo antes de que me viera obligada a someterme a una cirugía ginecológica y, nueve semanas después, nos mudábamos otra vez. Le rogué a Gary que me dejara quedarme en Starkville con las niñas y que él viajara, pero no quiso ni escucharlo.

Nadie sabía que, con cada mudanza, Heather se estaba volviendo cada vez más insegura. El doctor Baugh me había dicho que la vigilara de cerca. Con la ayuda adecuada, debería estar bien. Yo la veía cada vez más molesta con su cuerpo cambiante. Estaba tan delgada, pero hacía comentarios diciendo que estaba gorda. Sabía que la enfermedad estaba avanzando. Cuando nos mudamos a Senatobia, Mississippi, había un boicot en marcha. Había mucha tensión en los pasillos de la escuela. Ese semestre fue la gota que colmó el vaso y empujó a Heather al límite. De inmediato se involucró con la gente equivocada y se volvió cada vez más rebelde. La última semana de clases la saqué de la escuela para ir a Batesville, Mississippi, a ver al doctor Rayudu para una evaluación. No llevábamos ni diez minutos allí cuando nos dijeron que Heather tendría que ser hospitalizada. Hicimos los arreglos para ingresarla en el Hospital Parkwood. Nos tomó una semana contactar a la aseguradora y hacer los planes. Esa semana fue una de las más difíciles que he vivido. No hay palabras para describir cuánto me dolió internar a nuestra hija en un hospital psiquiátrico. Para empeorar las cosas, Gary no creía que fuera necesario. Decía que pensaba que solo era una etapa y que se le pasaría con el tiempo. Tuve que obligarlo a estar de acuerdo conmigo en esta decisión. Si no coincidíamos en nada más, la vida de Heather dependía de esto.

El 10 de junio de 1990 ingresamos a Heather en el Hospital Parkwood, y mi corazón estaba destrozado. Lloré todo el camino de regreso a casa y pasé tres días llorando sin parar. Me permitían llamar para preguntar cómo estaba, pero no me dejaban hablar con ella. Le hicieron una serie de pruebas, como era requerido. Nos pidieron que firmáramos un contrato en el que declarábamos que no consumiríamos drogas ni alcohol mientras nuestra hija estuviera en tratamiento. Más adelante entendí por qué. Durante ese tiempo, Dios tuvo que cargarme, porque yo estaba tan alterada que ni siquiera podía pensar con claridad. ¿Y si nunca volvía a casa? En el fondo de mi corazón sabía que necesitaba ayuda profesional, pero encerrarla fue algo devastador para mí. Mi padre estaba tan preocupado que hizo que C.P. lo llevara a verme. Él quería ir al hospital a ver a Heather, pero no se permitían visitantes externos. El domingo era el único día de visitas y solo se permitía la familia inmediata.

Aprendí mucho de los videos del doctor John Bradshaw que nos obligaban a ver todos los domingos antes de dejarnos ver a

Heather. Era un requisito. Nunca olvidaré un comentario que hizo el doctor Bradshaw. Dijo: "El noventa y ocho por ciento de las familias son disfuncionales, y el otro dos por ciento está mintiendo". Creo firmemente que todos tenemos algún grado de problemas. No se puede vivir en este mundo y no tener problemas.

Después de ocho semanas, por fin pudimos traer a Heather a casa, pero se nos exigió asistir a terapia durante seis semanas más. Me advirtieron que, si nuestras peleas no se detenían, ella podía recaer, y esta vez podría costarle la vida.

Las cosas no mejoraron. El enojo de Gary empeoró. Me negué a permitir que hubiera alcohol en la casa, y él se opuso de manera muy ruidosa. No iba a permitir que nadie le dijera qué podía o no podía hacer. No le importaba a quién lastimara. ¿No es así como reaccionan todos los alcohólicos?

Estaba contra la pared, y ya me habían dicho cuál era mi responsabilidad en todo esto. Según el doctor, debía proteger a las niñas a toda costa. Hice planes para llevarme a las niñas de regreso a Starkville hasta que Gary pusiera su vida en orden. No fue una decisión difícil una vez que me dijeron lo que podría pasarle a Heather si no aseguraba un lugar seguro para ella. ¡Me negaba a enterrarla! Haría lo que fuera necesario para ayudarla a volver al buen camino. Fui a la biblioteca y saqué todos los libros que pude encontrar sobre trastornos alimenticios. Iba a Al-Anon una vez por semana y llevaba a las niñas a las reuniones para adolescentes, aunque no querían ir. Íbamos a sobrevivir a esto. Dios ya me había demostrado varias veces que nunca me daría más de lo que pudiera soportar, aunque las cosas se estaban volviendo cada vez más difíciles. Tuve que poner toda mi fe en las manos de Dios y aferrarme. Iba a ser un camino lleno de baches. Fue durante este tiempo que empecé a tener recuerdos intrusivos relacionados con mi hermano Don.

Gary se inscribió en terapia con uno de los médicos de Memphis que había ayudado a tratar a Heather. Fue unas tres veces y luego me dijo que la que tenía problemas era yo y que debía seguir yendo sola. Como te imaginarás, eso cayó como una bomba. Básicamente, lo que había pasado era que nos habían engañado para volver a Senatobia con el pretexto de arreglar las cosas. No tardé mucho en darme cuenta. Poco después, Tiffany empezó a bajar de peso y tuve miedo de que hubiera absorbido los mismos mensajes dañinos sobre la comida. Pedí una cita con el doctor Luscomb lo más rápido posible y me sentí muy aliviada al saber que ella no estaba obsesionada con su cuerpo como Heather. Sabía que no podría manejar tener dos hijas con trastornos alimenticios.

Pasaron varios años con sesiones mensuales y hasta algunas durante la universidad para ayudar a limar asperezas. Nunca imaginamos que algún día Heather obtendría su doctorado en ese mismo campo de estudio. Ella sí que sabe lo que es estar del otro lado cuando se trata de trastornos alimenticios. Aquí es donde uno puede ver claramente la mano de Dios en acción. Si Heather no hubiera pasado por esto, ¿habría tenido interés en dedicarse a esa área? Yo creo que Dios usa las pruebas y tribulaciones para guiarnos hacia Su plan para nuestras vidas. Jamás habría pensado que algún día estaría diseñando material cristiano para los Caminos de Emaús. Son las experiencias las que Dios usa para llevarnos a donde Él necesita que estemos. Uno tiene que estar en sintonía con Dios para reconocer esos momentos. Él no siempre te golpea en la cabeza con una viga para que entiendas, aunque estoy segura de que a veces le dan ganas. Me imagino a Dios sentado en Su trono, con la cabeza entre las manos, sacudiéndola por algunas de las cosas que he hecho en el pasado. Gracias a Dios, Él tiene muchísima paciencia.

Las niñas están bien. Están casadas y, por ahora, ambas viven cerca. Mi temor es que cuando Heather termine su doctorado se mude lejos. Disfruto mucho comer con ellas con frecuencia, aunque tienen vidas muy ocupadas. Estoy esperando con ilusión a los nietos. Si no me crees, puedes venir a ver el cuarto que ya tengo preparado, con todos los osos, conejos, libros, videos, juegos y ropa guardados en el clóset.

CAPÍTULO 8

MENTIRAS Y DECEPCIONES

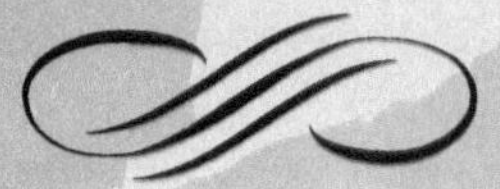

Mi padre se estaba muriendo, lo que añadía aún más tensión a la ya complicada situación en casa. Yo me sentía deprimida por la mala relación que teníamos, y ya era demasiado tarde para arreglarla.

Mi hermanastra intentó convencer a la familia de que debíamos obligar a papá a mudarse con ella para poder tener control total sobre él y sobre Mary. Papá juró que preferiría irse a un asilo antes que mudarse con ella. Mi hermanastra fue al asilo y preguntó si aceptarían a papá estando con oxígeno. Papá estaba con oxígeno por su enfisema, y no aceptaban a nadie en esas condiciones. Ella ya lo sabía. Mientras mi padre estaba en el hospital, mi hermanastra pidió prestado su carro para conseguir las llaves de la casa y hacer una copia. Las cerraduras habían sido cambiadas para evitar que ella sacara cosas de la casa.

Yo me negué a estar de acuerdo con mi hermanastra sobre qué hacer con papá, así que ella volteó la historia y le dijo a la familia que yo era la que estaba forzando a papá a irse a un asilo. Yo nunca dije eso. Le dije al médico que antes de permitir que mi hermanastra hiciera algo con mi papá, yo lo llevaría a mi casa. Lamentablemente, papá le creyó a mi hermanastra, aunque me escuchó decirle al doctor que jamás permitiría que eso ocurriera. Papá estaba confundido en ese momento sobre en quién podía confiar. No regresé a casa por mucho tiempo porque estaba lidiando con el abuso sexual que había decidido salir a la superficie. Algo ocurrió en el hospital que detonó un recuerdo muy desagradable para mí, y terminé en el baño vomitando y teniendo un ataque de pánico. Tuve que retirarme de inmediato.

De regreso a casa, trataba de entender el ataque de pánico, pero todavía no podía unir las piezas. No fue hasta que tuve una pesadilla y desperté llorando que todo regresó de golpe. Volví a vomitar. En ese momento decidí que, si quería mejorar, tenía que enfrentar a mi hermano. Eso era lo que había aprendido en Al-Anon. Hay que revivirlo para sacarlo y luego enfrentarlo. Llamé a Don a su trabajo y estaba gritándole y llorando al mismo tiempo. Él trató de calmarme para poder entender lo que yo decía. Cuando se dio cuenta de lo que estaba hablando, empezó a llorar y a pedirme perdón. Todavía era demasiado pronto para el perdón. Prometió hacer todo lo que pudiera para ayudarme a superar esa crisis. Dijo que, si necesitaba contárselo al resto de la familia, él estaba de acuerdo. Se lo conté a todos menos a mi padre moribundo. Recuerda que al principio te dije que Don era el favorito de papá. No podía hacerle eso a mi padre. Quería dejar que muriera en paz. Decírselo no me habría ayudado en nada a superar esta experiencia tan devastadora. Solo mi Padre celestial podía ayudarme a sanar, y eso no llegó sino hasta años después.

Papá murió el 22 de julio de 1991. Lo vi por última vez un miércoles y falleció el lunes siguiente por la mañana, con mi hermana Lou a su lado. Mis últimas palabras para él fueron: "Te quiero". Lou me llamó unos minutos después para decirme que había muerto. Cuando colgué el teléfono, me derrumbé. Lloré por todos los años de discordia y odio que había vivido. La única paz que tenía era saber que no solo estaba en el cielo con nuestro Señor y Salvador, sino que también se había reunido con mamá. No fui la única que pensó eso. Un primo comentó, de regreso del cementerio, que se imaginaba a Raymond recibiendo un regaño de mamá por haber traído a Mary a la familia. Mary causó tanto dolor y sufrimiento. Nadie se salvó.

Nunca olvidaré el comentario que hizo mi hermanastra en la funeraria mientras esperábamos para ir a la iglesia para el funeral. Estaba lloviendo y al mismo tiempo había sol, y ella dijo que siempre había escuchado que cuando llueve y hace sol en un funeral, significa que la persona se va al infierno. Pude haber dicho algo, pero solo pensé para mí: "Yo sé quién se va al infierno, y no es mi padre". Yo siempre había escuchado que eso significaba que el diablo estaba golpeando a su esposa. No sé quién se inventa estas cosas, pero esta era ridícula. Tengo que preguntarme cuál era su propósito al decirnos algo tan cruel. ¿Qué le habíamos hecho nosotros para merecer un comentario así?

Solo tuve un contacto más con mi hermanastra. Fui a ver a Mary para preguntarle si me permitiría comprar los asientos de béisbol que habían sido de papá. Papá me los había prometido de palabra. Mi hermanastra fue la que habló todo el tiempo. Ella no fue a la universidad, pero por alguna razón era fanática de Ole Miss. Supongo que porque todos nosotros éramos fanáticos de Mississippi State. Ella no usaba los boletos. Los regalaba a gente del pueblo para que nosotros no pudiéramos tenerlos——otra forma más de hacernos daño. No soportaba ir al estadio y ver a alguien más sentado en los asientos de palco de mi padre, así que ninguno de nosotros asistió a partidos durante al menos dos años.

Antes de que terminara la reunión, pregunté dónde estaban el baúl de cedro de mamá y su violín de conciertos. Me dijeron que todavía estaban en el depósito de la propiedad familiar. Yo sabía perfectamente que iría a buscar las pertenencias más preciadas de mamá. No sé cómo pensaron que se saldrían con esa mentira. Dios sabe cuántas dijeron. Llevé conmigo al tío John Hugh, hermano de mi padre, porque sabía cómo inventaban historias, y lo llevé como testigo. Estoy segura de que habrían contado algún cuento absurdo. Probablemente habrían dicho que entré a la fuerza a la casa y las amenacé de alguna manera. Ese era su estilo. No iba a darles nada que pudieran usar en mi contra. Bueno, puedes imaginar cómo me sentí cuando abrí el depósito y vi que todo había sido retirado. Más tarde supe que mi hermanastra tenía el baúl de cedro de mamá en su casa. Estaba allí cuando yo estuve presente. Mi hermanastra mintió descaradamente, con el baúl en la habitación contigua a donde estábamos sentadas. El violín fue llevado al basurero de la autopista 15, al norte del pueblo. ¿Cuánto trabajo habría sido levantar el teléfono y llamar a alguno de nosotros para que fuera a recoger las cosas de mamá? Me llamaron meses después de que papá murió, hice todo ese viaje, y al final no me dieron nada. Cuando llegué, Mary estaba vomitando y no me dijo ni dos palabras. Ella fue la que me llamó para que fuera a recoger algo que quería darme y que había sido de mi padre. Me fui con las manos vacías. Más tarde supe por la empleada doméstica que a Mary le habían dicho que tendría que mudarse con mi hermanastra o no volverían a cuidarla.

Recuerdo la última vez que hablé con Mary. Se estaba quejando de que papá no le había dejado suficiente dinero para vivir. Le dije que él le había dejado mucho dinero del seguro. Le pregunté qué había pasado con ese dinero. No obtuve respuesta, pero sí una mirada de mi hermanastra que podía matar. Noté que mi hermanastra tenía pisos nuevos, gabinetes nuevos y una camioneta nueva. ¿De dónde habían salido esas cosas? Apostaría mi último dólar a que el dinero del seguro pagó todo eso. Yo sabía que mi hermanastra no ganaba ese tipo de dinero trabajando en el departamento de salud.

Publiqué un aviso en el *Times Post* preguntando si alguien había encontrado el violín de mamá en el basurero de la autopista 15. He visto gente hurgando en los contenedores, y tenía la esperanza de que alguien lo hubiera sacado de la basura. No valía nada para nadie excepto para la familia. Yo lo había tocado de niña y lo quería. Recibí una llamada de una exalumna de danza de mamá, que recordó que mamá llevaba el violín a clase y se los tocaba. Ella había visto otro anuncio en el periódico donde alguien decía haber encontrado un violín en la autopista 8. Leí ese anuncio y pertenecía a un músico que se había detenido a cambiar una llanta y el violín se había caído del remolque. Ayudé a que el músico recuperara su violín. Pero no hubo esa suerte con el de mamá. Se perdió para siempre.

La salud de Mary siguió deteriorándose, y mis hermanas la visitaron varias veces, pero nunca en presencia de mi hermanastra. C.P. le dijo a Mary que debía entregar el baúl de cedro de mamá junto con un baúl más pequeño que también le pertenecía. Se le dijo que no volveríamos a visitarla si no hacía lo correcto y entregaba las cosas de mamá. Cuando mi hermanastra regresó de un viaje a Texas, se enfureció por la visita de mis hermanas y mandó decir que, si volvían a poner un pie en su propiedad, serían arrestadas.

Mary sufrió un derrame cerebral y terminó en el hospital, y pidió que llamaran a C.P. para que fuera a verla. Mi hermanastra llamó, y C.P. se negó. Le dijeron que primero debía entregar los dos baúles. Mi hermanastra llevó los dos baúles a la casa de la suegra de C.P. y los tiró en la entrada. La señora Winters abrió la puerta y le dijo que metiera los baúles a la casa, y así lo hizo. La señora Winters llamó a C.P. y le contó lo ocurrido. C.P. me llamó y me dijo que, por la descripción que le habían dado, no estaba segura de que realmente fueran los baúles de mamá, pero que yo tenía que ir a Houston a comprobarlo. Gary y yo hicimos el largo viaje y, efectivamente, eran los baúles de mamá. Estaban en muy mal estado, pero los cargamos en la camioneta y regresamos a casa. Lloré todo el camino. Qué calvario había pasado para recuperar un montón de cedro. Pero para mí no era solo cedro. Era todo lo que tenía de las pertenencias de mamá. Uno pensaría que era un cofre lleno de oro. Significaba el mundo para mí tener algo que había sido de ella. ¿Cómo se habría sentido la familia de Mary si nosotros hubiéramos tomado algo de su madre y lo hubiéramos retenido como rehén? Supongo que nos habrían mandado a arrestar.

Aquí estaba la principal diferencia entre mi familia y la de Mary. A nosotros nos criaron con valores y principios, y nos enseñaron la diferencia entre lo correcto y lo incorrecto. Nos enseñaron a respetar la propiedad ajena y a nunca tomar lo que no nos pertenece. Recuerdo a mamá diciéndonos que nunca debíamos odiar a nadie. Eso fue lo que Mary me enseñó a mí. Yo no odiaba a nadie hasta que ella se mudó y tomó el control. Satanás tenía competencia con Mary. No sé cuál de los dos fue más cruel conmigo. Ambos eran una fuerza maligna con la que había que lidiar. Las similitudes no terminan ahí. Mary se quedaba acostada en la cama leyendo la Biblia y fingiendo ser una hija de Dios, pero yo veía a través de su engaño. No sé si la gente del pueblo o de la iglesia se daba cuenta o no, pero en muchas ocasiones me dijeron que ella no se parecía en nada a mamá, con lo cual yo estaba totalmente de acuerdo. No hacía falta ser un genio para darse cuenta.

Mary siempre fingía saber mucho de nada. Todo lo que sabía cabía en un dedal. Recuerdo una vez que discutimos en el hospital cuando alguien comentó que yo me parecía mucho a mi madre, algo que siempre le molestaba a Mary. Mary dijo que tal vez me pareciera a mi madre, pero que mi padre había hecho todo mi interior. Le pedí que explicara esa afirmación, y no tuvo ninguna razón médica porque no la había. Volví marchando al laboratorio y le pedí a un amigo que tipificara mi sangre. Yo no sabía qué tipo de sangre tenía, pero mis hermanos tenían A negativo. Mi padre era O positivo. Mi madre ni siquiera sabía que tenía sangre A negativo hasta que se la tipificaron para una cirugía. Efectivamente, yo era A negativo con un componente positivo, lo que más tarde me explicaron en unas pruebas que significaba que en realidad era A positivo. Le puse el reporte en la cara y me fui. ¡Esa fue una de las pocas veces que Mary se quedó sin palabras! La razón por la que Mary no sabía mucho de medicina era porque no estudió más allá de la secundaria. Un médico para el que trabajó fue quien la entrenó, y nada más. Así que Mary nunca supo más de lo que sabía ese doctor. Eso es una situación peligrosa. Podría seguir contando cosas que vi y escuché que ella hacía, que te pondrían los pelos de punta, pero no tendría sentido aburrirte.

Le pedí a un amigo si podía reparar el baúl grande. Me dijo que sería un honor hacerlo. Estaba tan indignado por la historia que se negó a cobrarme un solo peso. Dijo que ya había pasado suficiente solo para recuperar ese baúl tan preciado. No puedo describirte la alegría que sentí cuando fui a recogerlo. Sam le hizo patas nuevas, le puso un fondo nuevo y le hizo un respaldo nuevo con molduras. El baúl había sido restaurado a su antigua belleza. Hasta el día de hoy tengo el baúl de mamá en mi habitación, donde puedo disfrutarlo y mirarlo todos los días.

Solo te he contado unas pocas de las muchas pesadillas que mi familia y yo tuvimos que soportar por culpa de mi madrastra y su hija. Los años han pasado factura a mi salud. Sabía que, para mejorar, tenía que ser capaz de perdonar. Para mí, eso parecía una tarea imposible, pero con la ayuda de Dios sabía que algún día finalmente sería libre de esa atadura. Sentía la mano de Mary saliendo de la tumba y estrangulándome, como al final de la película *Carrie*. ¡Esa sí que es una escena aterradora! El veneno que ella había sembrado en mí seguía creciendo dentro de mí.

El último día que vi a Mary, llegué a casa y destruí todas las fotos en las que ella aparecía. Me deshice de todo lo que me había regalado, que no era mucho. Doné a caridad la colcha delgada que me había dado cuando me fui a la universidad, y el único otro regalo que tenía era una Biblia de letra grande que ella y papá nos habían dado a Gary y a mí cuando nos casamos. Arranqué la página donde ella había firmado y regalé la Biblia al Ministerio Hope para que alguna familia necesitada la disfrutara. No creo que Mary y papá hubieran comprado esa Biblia. ¿Por qué necesitaríamos una Biblia de letra grande cuando yo tenía veintiún años y Gary veinte? ¿Cuántas parejas jóvenes necesitan un libro con letra grande? Yo no conozco ninguna. Supuse que la Biblia se la habían regalado a ellos. Esto me confirmó que Mary no permitía que mi padre gastara dinero en mí. Mi padre pagó las flores y las fotos de la boda de Lou, solo unos años antes de la mía, y Mary se quejó de eso durante años. Mi hermana ahorró su propio dinero para pagar todo lo demás. Siempre admiré mucho el talento de mi hermana para lograr una boda tan hermosa con tan poco dinero. Ese día me prometí a mí misma que, fuera como fuera mi boda, Mary no estaría incluida. No permitiría que Mary se sentara donde debía haber estado mi madre. No dejaría que Mary arruinara el día de mi boda, pasara lo que pasara. Por eso Gary y yo nos escapamos y nos casamos. Sabía que tendría que pagar todo yo misma, no tenía el dinero y no quería empezar endeudada. Yo había participado en cuatro bodas y Gary en cinco, y decidimos que ya era suficiente para nosotros. Pensamos que era un gasto innecesario.

No hay manera de que pueda enumerar todas las mentiras y decepciones que soporté. El libro pesaría tanto que te costaría levantarlo. Hay una que salió a la luz recientemente y que yo no sabía hasta que surgió en una conversación con mi hermano Don. Don dijo que papá le preguntó, unos meses antes de morir, qué me había hecho a mí. Don pensó que yo le había contado a papá sobre el abuso, cosa que no hice. Le pregunté a Don qué le había dicho a papá. Me dijo que básicamente lo negó todo. Eso me enfureció como no te imaginas, porque yo había sido muy cuidadosa de no contarle a nadie que pudiera decírselo, y luego él le mintió a mi padre, haciéndole creer que la mentirosa era yo. Le dije a Don que papá ya estaba en el cielo y que ahora conocía la verdad. No fue sino hasta unos días después que me di cuenta de que, cuando papá estaba en el hospital y Don pasó una semana con él, eso fue antes de que yo recuperara los recuerdos del abuso. Papá estaba preguntando por qué yo no quería ir a Houston a ver a Don cuando él estaba en la ciudad. Quería saber qué estaba pasando entre nosotros. Me sentí mucho mejor al darme cuenta de que, hasta donde sé, nadie le contó a papá sobre el abuso.

Finalmente he perdonado a Mary y a mi hermanastra, lo cual fue extremadamente difícil para mí. El Señor me quitó esa carga y me liberó del veneno que llevaba dentro. Todavía estoy trabajando en el perdón hacia Don. Es muy difícil perdonar a alguien cuando se niega a admitir ante la familia lo que ha hecho. Don sigue mintiendo a los demás. Sé que necesita mucha ayuda. Mi oración es que Don se arrepienta y le pida a Dios que rompa sus cadenas y que busque ayuda. Me encantaría poder ver y escuchar algún día a Don dar su testimonio para ayudar a otros que están atados. Quiero recuperar a mi hermano. Dios puede cambiar a cualquiera. ¡La Biblia lo demuestra!

CAPÍTULO 9

PROBLEMAS DE SALUD

No pasó mucho tiempo antes de que empezáramos a tener muchos problemas. Ambos llegamos al matrimonio con una gran carga emocional. Creo que fue en el primer mes cuando me di cuenta de que las pastillas anticonceptivas tenían que desaparecer. Mis dolores de cabeza empeoraban y subí veinte libras en el primer mes. Dejé las pastillas e intenté con un DIU, pero tuve que retirarlo después de dos meses. Empezamos a pelear por las cosas más pequeñas. Pero la pelea por mi hábito de fumar fue un problema enorme. Durante más de dos años había intentado dejar de fumar, pero volví a hacerlo el verano en que asistí a Delta State. Me dijeron que los cigarrillos se tenían que ir o él se iba. ¡Eso sí que fue un ultimátum! Un mes de casados y tenía que decidir entre los cigarrillos y mi esposo. Tiré los cigarrillos, pero cada vez que teníamos una pelea iba y compraba una cajetilla. Fumaba unos pocos y luego los volvía a tirar. Esto se volvió muy costoso para una pareja joven que apenas lograba llegar a fin de mes.

Después vino la amenaza de que se iría si yo no controlaba mi depresión por la pérdida de Madre. Admito que el duelo me consumía, pero no sabía cómo manejarlo. Necesitaba ayuda profesional. Una noche se fue, y yo no sabía si iba a volver. Fui al baño, encontré una navaja e intenté, sin éxito, cortarme no una sino ambas muñecas. ¡Estaba tan alterada! No estoy segura de qué me detuvo. Supongo que tenía miedo de que fuera un pecado imperdonable, y no quería correr el riesgo de no llegar al cielo. Nada era más importante para mí que llegar al cielo. Tenía que poder pasar la eternidad con mi Señor y con Madre. Si no lograba nada más, esto tenía que lograrse.

Probé otros tipos de pastillas anticonceptivas, principalmente para tratar de controlar mis periodos. Tenía un útero extremadamente pequeño y se contraía como al inicio del trabajo de parto todos los meses. Terminé en el hospital muchas veces por el dolor tan intenso y, finalmente, por una reacción alérgica a las hormonas. Descubrí que tenía demasiado estrógeno en mi sistema y que las pastillas lo sobrecargaban hasta el punto de provocarme vómitos, lo que llevaba a la deshidratación. Recuerdo que una vez un interno me dijo, cuando no podía encontrar una vena, que yo debía aparecer en una revista médica porque nunca había oído hablar de alguien alérgico a las pastillas anticonceptivas. Después de que me pinchó por cuarta vez, le dije que fuera a buscar al doctor o que iba a necesitar ayuda para sacar la jeringa de un lugar al que no podía llegar. No estaba de humor para que un interno abusara de mí. Si hubiera dependido de mí, lo habrían expulsado de la escuela de medicina por hablarle así a un paciente.

La pasaba tan mal cada mes que pensé en pedirle a un doctor que me hiciera una histerectomía, pero quería tener hijos más que nada en el mundo. Amaba a los niños y tenía que tenerlos a toda costa. Ojalá mi esposo hubiera estado tan ansioso como yo. Recuerdo cuando recibí la noticia de que estaba embarazada mientras estaba en el trabajo. Mi esposo había llegado en el carro compartido para luego recoger nuestro auto, y yo aproveché mi descanso para la cena y me encontré con él en el estacionamiento para darle la buena noticia. Se alejó de mí murmurando: "Espero que estés feliz. Por fin conseguiste lo que querías". Se fue manejando y me dejó allí, en el estacionamiento, llorando. Volví como pude a la sala de empleados y lloré hasta que fue hora de regresar a mi puesto.

No supe que estaba embarazada sino hasta que terminé el entrenamiento y había trabajado una semana en Maison Blanche. Trabajé hasta los ocho meses de embarazo. Pasaba mucho tiempo vomitando porque me obligaban a esperar hasta la una o dos de la tarde para comer, cuando alguien llegaba a cubrir mi puesto. No me permitían ni siquiera sentarme hasta que un día el jefe pasó, sintió lástima por mí y ordenó que colocaran un banquito detrás del mostrador. No habría trabajado tanto tiempo como lo hice, pero me dijeron que tenía que pagar mi ropa, el médico y lo que el seguro no cubriera del bebé. Desde ese momento, me vi obligada a pagar toda mi ropa y la ropa de las niñas. Gary me tenía contra la pared, y yo acepté.

Mi siguiente obstáculo llegó cuando nació Tiffany y Gary insistió en que me ligara las trompas mientras aún estaba en la mesa de cirugía. Yo quería más hijos, y él no. ¿Adivinen quién ganó esa batalla? Pensé que, ya que él no quería más hijos, debería operarse él. Eso cayó de maravilla. Yo quería poder tener más hijos si algo le pasaba a él. Tal vez podría tenerlos con otra persona si me volvía a casar. El argumento fue que yo ya iba a tener el deducible cubierto y que él tendría que pagar si se hacía algo. Me dijeron que si no me hacía la cirugía, él no me tocaría cuando regresara a casa. Bueno, ¡qué lindo detalle! No necesitaría cirugía si así iban a ser las cosas, ¿verdad? Debí haberme mantenido firme, porque con los años le he guardado rencor por haberme obligado a operarme.

Cinco años después de la ligadura de trompas, empecé a tener serios problemas ginecológicos. Me obligaron a una histerectomía temprana debido a tumores que causaban sangrados excesivos. Los dolores de cabeza mejoraron por un tiempo, pero luego noté un día, mientras tomaba una siesta, que no podía ver los números del reloj a solo unos pocos pies de distancia. Abrí solo el ojo izquierdo y todo estaba muy borroso. Cerré el izquierdo y abrí el derecho, y las cosas se veían más claras. Llamé e hice una cita con un oftalmólogo, y lo único que me dijo fue que había daño en el nervio óptico y que necesitaba ver a un especialista.

Bueno, nos íbamos a mudar de nuevo en unas semanas, así que hice una cita para ver a un doctor en Oxford, en la misma clínica a la que mi familia había ido durante años. De hecho, el doctor Rayner había operado a las niñas cuando eran bebés. A Heather le hicieron cirugía de los conductos lagrimales dos veces y a Tiffany una cirugía del músculo del ojo perezoso. No pude ver al doctor Rayner, que era mi elección, porque ya no atendía pacientes regulares. Solo hacía cirugías de cataratas y trasplantes de córnea. Él había operado los ojos de Lou cuando quedó legalmente ciega, así que sabía que era el mejor. Tuve que conformarme con el doctor Supple. Me dijeron nuevamente que había daño en el nervio óptico, pero nadie tenía idea de por qué. Era el ojo derecho, el mismo en el que me había salpicado Liquid Plumber cuando vivíamos en Nueva Orleans. Casi pierdo el ojo, pero una reacción rápida lo salvó. Después de tres meses, me dijeron que me había recuperado por completo, lo cual fue un milagro. Si hubiera sabido entonces lo que sé ahora, habría sido pan comido. Supongo que Dios me estaba preparando para lo peor. Había visto a mi hermana Lou quedar legalmente ciega, y fue desgarrador. Tuvo dos cirugías para corregir el problema, pero quedó con daño debido a una receta mal leída o mal surtida. Nunca en mis sueños más locos pensé que existiera la posibilidad de que yo pudiera perder la vista.

Seguí viendo oftalmólogos locales, pero nadie sabía qué estaba pasando. Debí haber sido enviada a un especialista en Memphis, Tennessee. No fue hasta que empecé a tener problemas para mantener el equilibrio que pensé que debía haber algo realmente mal conmigo. Tenía la mente puesta en todas mis alergias alimentarias y en tratar de controlar mis migrañas. Luego vino el viaje a Nueva York. No me sentía bien, así que fui a ver al doctor Ruhl para que me pusiera un cóctel para los senos nasales. Pensé que eso me haría sentir mejor. ¡Error! Noté que cada vez que subía o bajaba de los ascensores me mareaba muchísimo. Teníamos prisa por arreglarnos y salir a comer algo, y salimos corriendo para no llegar tarde a la obra. Llegamos cinco minutos antes de que empezara el espectáculo, así que corrí al baño. Entré justo cuando estaban bajando las luces. ¡No podía ver nada! Menos mal que había un acomodador, porque de otra forma no habría podido encontrar nuestros asientos. Por si te lo preguntas, vimos *Miss Saigon*.

Al regresar a la habitación, noté en el espejo que mi ojo izquierdo estaba hinchado. Le pregunté a Gary qué pensaba y dijo que a él también le parecía hinchado. Le resté importancia y me fui a dormir. El domingo era nuestro día para hacer turismo. Teníamos el día completo planeado, así que comenzamos temprano. Desayunamos en una cafetería debajo del World Trade Center. Me tomé una foto afuera de las torres y me mareé solo con mirar por la cámara. Casi me caigo de lo mareada que estaba. Luego fuimos a Central Park y caminamos más de lo que me habría gustado, pero es la única forma de verlo de cerca. Entrábamos y salíamos de tiendas y, finalmente, paramos a almorzar en el Trump Plaza. Pedí que tomáramos un taxi de regreso al hotel. No me sentía bien. Tomamos una siesta corta.

Después vino el tour de la NBC, y no fue hasta que entramos al estudio de *Saturday Night Live* que de repente me mareé muchísimo y tuve que sentarme. Me dio náuseas y traté de decidir si podía continuar con el recorrido. Empezaron los dolores en el pecho, pero no duraron mucho, así que seguimos con el tour. De regreso al hotel paramos a comer algo rápido en una cafetería. Compartimos un sándwich porque ya teníamos planes de cenar en lo alto del World Trade Center, en el restaurante Windows of the World.

Descansamos un poco más y luego empezamos a arreglarnos para la noche, y yo me sentía mucho mejor. Las cosas empezaron a ir mal en el ascensor que subía a lo alto del World Trade Center. De repente me mareé tanto que tuve que agarrarme de Gary o me iba a caer al suelo. Me invadieron unas náuseas intensas y el pecho comenzó a apretarse. Pensé que una vez que saliéramos del ascensor se me pasaría. Entramos al restaurante, caminé hasta la ventana para ver la vista y empecé a tambalearme. De inmediato me alejé de la ventana. Primero pensé que había comido algo que me había caído mal, pero ¿por qué Gary no estaba enfermo? Repasé todo el día en mi mente tratando de entender qué me estaba haciendo sentir tan mal.

Entonces llegaron las bebidas. Di un solo sorbo y fue como si algo explotara en mi pecho. No podía hablar. Gary me preguntaba qué me pasaba y yo no podía decir nada. Eso me asustó, y él cada vez estaba más preocupado. Gary pidió la cena, pero yo no pude comer. El mesero notó que algo andaba mal y preguntó si necesitaba llamar al 911. Negué con la cabeza. Estaba tan mal que ni siquiera podía levantarme de la silla para ir al baño. El mesero nos cobró lo más rápido posible y, al salir del restaurante, volví a sentirme mal del estómago, así que me metí al baño. Pasé varios minutos allí, pero no vomité. Cuando salí del baño, me di cuenta de que el ascensor estaba fuera de servicio. Tuvimos que esperar a que un hombre viniera a escoltarnos hacia abajo mientras arreglaban uno. Me volví a marear en el ascensor y casi me caigo otra vez. Gary me sentó en el lobby del Marriott mientras él iba al centro comercial a buscar una farmacia. Compró varios productos, pero ninguno funcionó. Los probé todos antes de que terminara la noche. Sentí como si un gorila estuviera sentado sobre mi pecho toda la noche.

Era el Cuatro de Julio y había muchísimas actividades planeadas, así que empezamos temprano desayunando del lado de Nueva Jersey. Tomamos el metro y yo me sentía mucho mejor. Vimos el sobrevuelo y la flota de barcos. Todo fue impresionante, pero creo que lo que más me gustó fue toda la seguridad. Los helicópteros Blackhawk y los Navy SEALs fueron mis favoritos. Regresamos al hotel para almorzar y tomar una siesta mientras esperábamos los fuegos artificiales en Battery Park. Fue hermoso, pero muy concurrido. No me gustan las multitudes. Me alegré cuando terminó para poder volver a la habitación.

A la mañana siguiente, Gary salió temprano para ir a una reunión del lado de Nueva Jersey. Yo no tenía idea de a dónde iba. Me levanté más tarde, caminé hasta el distrito financiero y me compré un capuchino. Me senté afuera unos minutos viendo a la gente apresurarse hacia sus oficinas. Caminé hasta el río Hudson para ver el ferry cruzar. Noté que las olas estaban bastante agitadas. De repente comenzaron los dolores en el pecho y volvieron las náuseas. Estaba allí de pie pensando: aquí estoy, sola en Nueva York, con solo la llave de la habitación y unas monedas en el bolsillo. Le pedí a Dios que al menos me dejara llegar de regreso al hotel para que, si me desmayaba o moría, pudieran saber quién era por la llave de la habitación.

Caminé lentamente de regreso al hotel. Logré llegar a la habitación y llamé a la secretaria de la iglesia para decirle que buscara a alguien que me reemplazara en la escuela bíblica de vacaciones de la semana siguiente. Glenda me rogó que al menos llamara a la recepción para avisar que estaba enferma. Tenía miedo de que insistieran en llamar al 911. Prometí descansar hasta que Gary regresara de su reunión. Gary llegó y no tuve tiempo de contarle lo que me había pasado durante el día. Dijo que teníamos que arreglarnos para encontrarnos con un grupo abajo en treinta minutos. Íbamos a hacer un crucero con cena por el río Hudson. Así que nos fuimos. Yo estaba emocionada por el paseo en barco porque siempre me han encantado los barcos.

Desde el momento en que subimos al barco, no podía mantenerme de pie sola. Gary tuvo que acompañarme a todos lados, incluso al baño de mujeres. Tenía que agarrarme de todo lo que encontraba. Vaya situación tan extraña. Conseguí una silla y ahí me quedé. Después de la cena tomé una pastilla para las alergias y me sentí mejor. Todos iban a salir a ver la Estatua de la Libertad. Salí y me agarré del pasamanos con todas mis fuerzas. Unos amigos nos tomaron unas fotos. Allí estaba, en todo su esplendor. Ver de cerca a la Estatua de la Libertad fue definitivamente uno de los momentos más destacados del viaje. ¡Si me moría allí mismo, había valido totalmente la pena!

Mi último día en Nueva York no lo iba a pasar encerrada en la habitación, así que me fui sola a Soho por un par de horas. Quería comprar algunos regalos de Navidad y tenía que comprarme una gorra de los Yankees. He seguido a los Yankees desde que era niña. Solía ver los partidos con mi papá. Esa fue una de las cosas que tuvimos en común a lo largo de los años: el béisbol. No puedo creer que hiciera eso sola, pero cuando crees que tal vez te estás muriendo, haces cosas que normalmente no harías. Espero poder regresar algún día a Nueva York.

Cuando comenzaron los problemas del corazón, me preocupé mucho por lo que le estaba pasando a mi cuerpo. Mi padre me había dicho muchas veces que los Simpson teníamos corazones fuertes. Entonces, ¿por qué tenía mareos y dolores en el pecho? Después de dos cateterismos cardíacos, me dijeron que tenía una parte del corazón que parecía estar dañada por un virus. Esa noticia me tomó por sorpresa. Me rompí la cabeza tratando de recordar qué virus podría haber sido. Sí tuve faringitis estreptocócica varias veces que dejé avanzar demasiado y terminé en emergencias. Tal vez fue eso. No fue hasta que estaba en el delta en una asignación de trabajo que me di cuenta de que algo no estaba bien con mis habilidades motoras. De repente no podía llenar mis hojas de tiempo ni los reportes de gastos, y no podía leer sin mis lentes. Me daba cuenta de que me acercaba cada vez más a los textos. Le dije a mi supervisora que pidiera ayuda para terminar el proyecto porque yo iba a tener que ingresar al hospital para hacerme pruebas. Sabía que algo estaba terriblemente mal conmigo.

Me puse en contacto con mi médico de cabecera, que por cierto había sido alumno mío en sexto grado años atrás. Ordenó una serie de exámenes y, en un período de seis semanas, me dijeron que tenía osteoporosis, diverticulosis, daño leve en un nervio de la cadera izquierda, síndrome del túnel carpiano en las muñecas y los tobillos, un corazón dañado, artritis reumatoide y un tumor detrás del ojo izquierdo. Ni siquiera puedo pronunciar el nombre del tumor, mucho menos escribirlo. ¿Pensé que mi mundo se estaba cayendo a pedazos? Literalmente. ¡Me estaba desmoronando por completo!

El médico que me atendió en Semmes Murphy no pensó que mi experiencia en Nueva York fuera algo inusual, pero notó que mi ojo izquierdo no se movía hacia arriba ni hacia afuera cuando me pidió que siguiera su dedo. De inmediato me envió al Hospital Methodist South para hacerme una resonancia magnética de la cabeza. No le di mucha importancia a la resonancia porque he tenido tantas a lo largo de mi vida que para mí era solo otra prueba más. Lo que sí noté fue la forma en que el personal me trató. Ya había estado allí antes y nunca me habían tratado con tanta amabilidad.

La resonancia fue muy larga. Tomó casi dos horas completar el estudio y, además, tuve que esperar y llevarme las placas conmigo, algo que nunca antes me había tocado hacer. Para mí era evidente que este no era un estudio común como los que había tenido en el pasado. Mientras esperaba, las enfermeras fueron extremadamente amables conmigo; incluso me preguntaron si podían traerme una Coca-Cola. Nunca antes nadie me había ofrecido una bebida. Pensé para mis adentros: ¡debo estar muriéndome! Finalmente las placas estuvieron listas y me fui a casa. Tenía demasiado miedo como para mirarlas. ¿Qué se suponía que debía buscar si me armaba de valor para hacerlo? No tenía idea.

Esperé hasta el día siguiente para una cita por la tarde con el mismo médico que había ordenado el estudio. Le entregué las placas a la recepcionista y me senté a esperar. No había absolutamente nadie más en la consulta, y escuché al médico decirle a la recepcionista que llamara a un cirujano porque la paciente tenía un tumor y necesitaría cirugía. Me pregunté de quién estaría hablando, porque yo era la única persona allí. Unos minutos después me llamaron al consultorio. Noté que estaba evaluando mi estado mental porque me preguntó cómo me sentía ese día. Le respondí: "Bien". Se quedó sentado un momento, tratando de decidir cómo darme la mala noticia. ¡La pausa fue tan evidente! Lo decía todo. El médico dijo que tenía una buena noticia y una mala noticia, y me preguntó cuál quería escuchar primero. Le dije que la buena noticia. Entonces me dijo que no tenía un tumor cerebral como él había pensado. En el fondo yo sabía que eso era lo que había sospechado, por la urgencia con la que ordenó la resonancia y por el hecho de que tuviera que volver al día siguiente con las placas en la mano. Había trabajado con médicos el tiempo suficiente como para saber que algo serio estaba pasando, especialmente con todos los síntomas que tenía.

Me preparé para la mala noticia. El médico me dijo que tenía un tumor detrás del ojo izquierdo que requería cirugía inmediata. Hice algunas preguntas, pero me dijo que era tan raro que me iba a remitir al doctor Jon Robertson, quien sabía más sobre ese tipo particular de tumor. A partir de ese momento, no respondió más preguntas. Comenté que nuestra hija se iba a casar en ocho meses y que no podía operarme hasta después de la boda. El médico respondió que tal vez habría que posponer la boda hasta después de la cirugía. Ese comentario me preocupó muchísimo. ¿Qué tan grave era este tumor? ¿Me iba a morir? Todo tipo de pensamientos pasaron por mi mente. ¿Había tenido cáncer mi madre cuando estaba embarazada de mí? ¿Tenía esto alguna relación? De camino a casa, lamenté haber ido sola a la consulta, aunque en realidad no esperaba malas noticias. Me convencí de que no podría conducir los más de treinta kilómetros hasta mi casa sin poner en peligro a otros o a mí misma, y Dios me llevó sana y salva a casa.

Luego vino la tarea de contarle la mala noticia a mi esposo. A él nunca le gustaba escuchar sobre enfermedades de ningún tipo. Sufría en silencio con su dolor de hombro y no quería oír hablar del dolor de los demás. No quería darle la noticia, pero tenía que hacerlo. Él quedó tan impactado como yo por lo del tumor. Nadie en mi familia había tenido tumores, que yo supiera, excepto el cáncer de mi madre. Eso era lo que más me inquietaba.

Pasaron unas dos semanas antes de que pudiéramos ver al doctor Robertson. Él tomó un modelo del cráneo y nos mostró exactamente dónde estaba ubicado el tumor y explicó cómo sería removido. Teníamos muchas preguntas, pero primero quería que viera al doctor Fleming, quien me explicaría más sobre el tumor. Fue la primera vez que me dijeron que perdería la vista del ojo izquierdo para siempre. ¡Fue un golpe devastador! Traté de no llorar frente al doctor Robertson, pero cuando llegué al carro me derrumbé. Gary trató de consolarme, pero no me ayudaba mucho. Él no era quien iba a perder un ojo. Llamé a las niñas desde el teléfono del carro porque estaban esperando saber qué había dicho el médico. Me costó mucho hablar. Les dije que no eran buenas noticias y que tenía que ver a otro médico antes de que se pudiera hacer algo. Solo quería colgar lo más rápido posible. Quería estar sola. Pasé mucho tiempo en la cama durante los días siguientes tratando de asimilar la noticia. Me cubría el ojo izquierdo para ver cuán limitante sería para mí. No parecía tan terrible… ¿o me estaba engañando a mí misma?

Esperamos unas dos semanas más para ver al doctor Fleming. Su consultorio estaba lleno y tomó bastante tiempo que nos atendiera. No pude evitar notar a todos los pacientes en la sala de espera. La mayoría tenía parches grandes cubriendo al menos un ojo. Me senté observándolos, preguntándome si alguno tendría el mismo tumor que yo. No fue sino hasta que hablamos con el doctor Fleming que supe lo raro que era mi tumor. Cuando vimos las placas por primera vez, había varios internos presentes porque el doctor Fleming quería que vieran este tumor tan poco común. Me dijeron que era tan raro que solo se realizaban unas cuatro cirugías al año en Memphis para este tipo de tumor. También me dijeron que no era hereditario, lo cual fue un gran alivio. No quería, bajo ninguna circunstancia, transmitir algo así a mis hijas. Ya les he heredado algunas alergias, pero hasta ahora nada grave.

El doctor Fleming fue muy directo y práctico en sus explicaciones, y luego nos dejó solos en una sala de espera para que pensáramos qué queríamos hacer. Yo quería operarme de inmediato, pero él sugirió primero hacer una biopsia. Necesitábamos saber si el tumor era canceroso o no. La mayoría de estos no lo son, pero siempre existe la posibilidad, especialmente con antecedentes familiares.

La biopsia se programó para el día después de Acción de Gracias, unas tres semanas más tarde. Temí que la cirugía tuviera que cancelarse cuando me enfermé el mismo Día de Acción de Gracias y vomité durante toda la noche. Ingresamos al hospital muy temprano por la mañana y, con los nervios y el estómago revuelto, no estaba de muy buen ánimo. La cirugía no duró mucho y al mediodía ya estaba en mi habitación. Vomito cada vez que me operan, así que puedes imaginarte qué tan bien me veía. Mi ojo empezó a hincharse mucho y los moretones empeoraron con el paso del tiempo. Gary y mi hermana Lou me mantuvieron abastecida de bolsas de hielo, pero la hinchazón no respondía para nada. Me dolía la cabeza terriblemente. Finalmente, el domingo me dieron de alta para irme a casa.

El lunes por la mañana recibí una llamada del Hospital Parkwood, donde trabajaba Heather. Me informaron que Heather había tenido un accidente automovilístico grave y que había ambulancias en el lugar para trasladar a los heridos. Les pedí que me mantuvieran informada sobre a qué hospital llevarían a nuestra hija para que pudiéramos dirigirnos hacia allí. Primero llamé a Gary a su trabajo para que regresara a casa y me recogiera. Luego intenté comunicarme con Andy, el esposo de Heather, en su trabajo, pero aún no había llegado, aunque estaba en camino. Les pedí que le dijeran que Heather había tenido un accidente y que se quedara allí a la espera de información por si la llevaban al centro, donde él trabajaba. Después llamé al padre de Andy, John Hardison, a su trabajo, y me dijo que estaba cerca del lugar, así que iría a la escena para ver si podía obtener información.

Cuando John llegó, Heather aún estaba dentro del carro. Los técnicos estaban trabajando para subir a la otra víctima a la ambulancia porque estaba en peores condiciones, con una posible fractura de cuello. John habló con Heather y se enteró de que ella había rechazado el tratamiento y estaba algo confundida sobre lo ocurrido. El técnico le dijo que, si no hubiera llevado puesto el cinturón de seguridad, habría salido despedida por el parabrisas y no habría sobrevivido al accidente. Después de ver el estado del carro de Heather, John pensó que era mejor que la revisaran en el hospital más cercano. Nos llamaron y nos dijeron que fuéramos al Hospital Methodist de Germantown. Ya estábamos en la autopista, así que nos tomó unos veinte minutos llegar desde donde estábamos. Gracias a Dios, Heather solo tenía algunos moretones y abrasiones causados por el cinturón de seguridad y la bolsa de aire. El carro quedó como pérdida total.

Cuando Heather estaba describiendo el accidente, dijo que la mujer giró cruzándose en su camino justo cuando ella iba pasando por la intersección. El golpe le sacó el aire de los pulmones, y dijo que todo se volvió blanco cuando se activó la bolsa de aire y que no podía respirar. Luego escuchó una voz masculina extraña hablando, y no estaba segura de dónde venía ni quién era. Resultó que había quedado puesta una cinta tipo *Left Behind* en el reproductor, y el impacto del accidente la empujó dentro del equipo haciendo que comenzara a sonar. Nos reímos mucho de eso después. Pero lo que dijo la mujer del otro vehículo fue lo que me recorrió un escalofrío por la espalda. Ella contó que mientras la camioneta daba vueltas, sintió una presencia que la sostenía en el asiento, como un ángel. Terminó con una vértebra rota en el cuello y algunas costillas fracturadas, pero tuvo muchísima suerte de seguir con vida.

Mi biopsia no era nada importante en comparación con el accidente. Mi manera de ver las cosas cambió completamente cuando temí que la vida de nuestra hija estuviera en peligro. Todo lo que pude hacer fue alabar a Dios porque Heather había sido protegida y estaba bien.

Esperar los resultados de la biopsia no fue fácil. No se puede aguantar la respiración tanto tiempo. Seguía pidiéndole a Dios que me diera la fortaleza necesaria para escuchar los resultados. Ya me habían dicho un montón de cosas que estaban mal conmigo, todo en un período de seis semanas. ¿Cuánto más podía soportar? Tuve largas conversaciones con Dios acerca de eso de que no nos da más de lo que podemos manejar. Le dije que en este caso estaba alcanzando su cuota muy rápido. Yo no sabía cuánto más podía aguantar, pero Dios sí. No es justo que Él conozca el principio y el final y nosotros no. Aunque, pensándolo bien, ¿realmente queremos saber lo que viene? No puedo contar cuántas veces le he pedido a Dios que venga y nos lleve.

Esto de envejecer nunca ha sido algo que me guste. Siempre le dije a mi padre que prefería morir joven antes que envejecer y tener que depender de alguien para que me diera de comer o me bañara. Vi cómo mis abuelos se fueron deteriorando y no es nada bonito ver a los seres queridos volverse tan frágiles. Mi padre decía que yo solo quería ser un cadáver bonito. Mi respuesta siempre fue: "Tienes toda la razón".

La biopsia salió negativa y nos dijeron que ahora todo sería cuestión de esperar. Teníamos que esperar a que mi vista llegara a cierto punto para justificar la cirugía y retirar el tumor, porque una vez que lo quitaran, ya no habría más visión. Yo tenía un gran problema con eso. Mi miedo era que los médicos esperaran demasiado y que el tumor creciera hacia el área del cerebro, donde se unen los nervios ópticos. Si eso ocurría, quedaría totalmente ciega. No quería correr ese riesgo, pero los médicos insistían en que sabían lo que estaban haciendo. No podía entender por qué no era una decisión mía.

Iba regularmente a consultas y a pruebas de campo visual para determinar cuánta visión estaba perdiendo, y parecía que lo único que hacía era ir de una cita médica a otra. Ya estaba harta de ir constantemente a Memphis para consultas. No soy una persona muy paciente. Creo que la mejor forma de describirme es alguien que lo quiere todo para ayer. Me parece una descripción bastante justa. Traté de mantenerme ocupada planificando una boda para distraerme de la cirugía que se acercaba. Solo podía hacer hasta cierto punto. Entonces ocurrió el 11 de septiembre, y quedé pegada al televisor las veinticuatro horas del día. Me había levantado temprano esa mañana y, mientras dejaba salir a los perros, encendí el televisor, algo que normalmente no hacía tan temprano. En las noticias estaban informando sobre lo que creían que había impactado el World Trade Center. Me quedé parada frente al televisor, en shock. Justo el año anterior habíamos estado allí por Opt-Sail y nos habíamos alojado en el Marriott conectado a las torres. Recordé una conversación que había tenido con mi esposo cuando supe dónde nos íbamos a hospedar. Le pregunté a Gary si ese no era el lugar donde los terroristas habían puesto una bomba anteriormente. Yo había visto la noticia, pero no recordaba bien los detalles. Él dijo: "¿Qué probabilidades hay de que vuelva a pasar?". Supongo que es como cuando la gente piensa que el rayo no cae dos veces en el mismo lugar, pero sí pasa.

Cuando vi el segundo avión acercándose a la segunda torre, no podía creer lo que estaba viendo. Mi mente seguía diciendo: Esto no está pasando. No es real. Era tan horrible que no había palabras para describirlo. Luego las torres colapsaron y lo único que pude hacer fue llorar y orar. No dejaba de ver los rostros de todas las personas con las que habíamos hablado en las tiendas del centro comercial bajo las torres y recordar a quienes nos atendieron en los restaurantes. Fue una pesadilla. Entonces recordé que le había dado a mi hermano información sobre dónde nos habíamos alojado en Nueva York, porque él iba a mudarse de una planta de energía en Nueva Jersey a otra en Nueva York. Me quedé sin aliento cuando pensé que quizá lo había enviado al peligro. Me tomó siete horas saber dónde estaba y confirmar que estaba bien. Gracias a Dios, él se encontraba al norte de la ciudad de Nueva York. No pude evitar notar la ruta de vuelo del avión que se suponía que iba a Washington. El giro que hizo parecía pasar justo sobre el área donde mi hermano trabajaba en Westwego. Ese avión finalmente se estrelló en Pensilvania.

Varios días después supe que una compañera de hermandad había perdido a su esposo en el colapso de una de las torres. Él trabajaba para la Autoridad Portuaria y se quedó con el edificio mientras otros intentaban salir. Varias de mis hermanas viajaron para el funeral, pero yo no pude ir. Toda la experiencia de ver por televisión a la gente buscando a sus seres queridos me afectó profundamente. Eso fue lo más triste que creo haber visto en la televisión. Me removió muchísimas emociones.

Dos días después me dirigí al Lago Grenada para trabajar en un Retiro de Emaús y, cuando llegamos, parte del lago estaba cerrado debido a la amenaza de que las represas fueran voladas. Nunca había pensado en las represas. Creo que el 11 de septiembre le abrió los ojos a mucha gente sobre cuán seguros estamos realmente en nuestras propias comunidades. Nueva York está muy lejos, pero aun así vimos todo tipo de medidas de seguridad frente a nuestros propios ojos. Supongo que al vivir en un pequeño pueblo del sur no pensamos en los problemas de las grandes ciudades. Aquí la vida es mucho más tranquila, y por eso estoy agradecida.

La biopsia salió negativa, y por eso estuve muy agradecida. Pasé mucho tiempo entrando y saliendo del consultorio del médico para hacerme más pruebas. Finalmente llegó el día de retirar el tumor. Me enviaron al Methodist Central para una resonancia magnética que le indicaría a los médicos exactamente dónde estaba el tumor y qué tan grande era, para que supieran por dónde entrar. No me gustó nada la forma en que iban a hacerlo, pero no tenía voz ni voto en el asunto. Me explicaron que harían una incisión de oreja a oreja, aproximadamente una pulgada dentro de la línea del cabello, para que la cicatriz no se notara. Luego bajarían la piel del rostro y perforarían un agujero en el cráneo. Retirarían la parte superior de la cuenca del ojo y sacarían el tumor. La cuenca del ojo se rompió, y tuvieron que rebajar hueso del cráneo para reemplazar la parte que se había roto. Le dije a mi cirujano que quería que revisara bien mi cerebro y, por supuesto, me preguntó por qué. Siempre había escuchado que cada vez que aprendes algo nuevo te sale una nueva arruga en el cerebro. Yo quería saber si tenía muchas arrugas o si mi cerebro estaba liso. Él pensó que yo me olvidaría de ese comentario, pero cuando salí de la

UCI, esa fue la primera pregunta que le hice. Se rió y me dijo que era muy inteligente.

La cirugía duró alrededor de ocho horas y estuve en la unidad de cuidados intensivos durante tres días y medio. Recuerdo el dolor y los vómitos. El suero se filtró en mi brazo y causó muchos problemas. El pobre muchacho que tuvo que cambiarlo estaba muy nervioso porque tenía problemas con mis venas que se movían. Le aseguré que no era su culpa. Él no dejaba de disculparse. Yo le expliqué que el problema era mío.

Los vómitos me estaban afectando muchísimo. El médico había dicho que vomitar podía dañar la cirugía, porque genera mucha presión en los ojos. Yo estaba cada vez más deprimida y lloraba más y más. Escuché a una de las enfermeras decir que, si lograba calcular bien con el reloj cuándo ponerme la inyección, tal vez podría evitar que vomitara. Yo pensaba que eso no debía ser tan difícil de calcular. Estaba demasiado sedada como para ayudarla. No había manera de que me pasaran a mi habitación mientras siguiera vomitando. Fue en ese momento cuando le pedí a Dios que me permitiera sentir todas las oraciones que sabía que la gente estaba elevando al Señor por mí. De repente, una calidez me envolvió. Sentí como si Jesús se hubiera acostado en la cama y me hubiera rodeado con Sus brazos. Me quedé profundamente dormida en una paz dulce y, cuando desperté, la enfermera me estaba llevando a mi habitación. Había muchísimas flores allí. Eso me hizo sentir aún mejor. Pero lo que más me alegró fue poder ver a mi familia.

Mi hermana y mi prima hermana habían viajado hasta Memphis para verme. No recuerdo haber hablado mucho con ellas, pero estuvieron allí para mí. Recuerdo que tenía muchísimas ganas de lavarme el cabello, pero no podía sentarme en la cama sin marearme muchísimo. Pasaron días antes de que me permitieran lavarme el cabello. Contesté el teléfono un par de veces y dejé a los que llamaban en shock. No recuerdo qué dije, pero espero que haya sido algo amable.

Tuve que aprender a caminar con un andador durante algunos días hasta poder recuperar el equilibrio. Había grandes ajustes por delante. Me alegró mucho estar en casa. Al principio tuve muchas visitas. No todo el mundo quería ver las más de cien grapas que tenía en la cabeza. ¡Era una imagen horrible! A algunas grapas se les pasó retirarlas, y Gary intentó quitarlas con un quitagrapas y terminó soltando algunos puntos. Tuve que llamar a mi amiga Teresa, que es enfermera, para que viniera a quitarlas. Fue una experiencia terrible. ¡Nunca dejes que tu esposo intente quitarte nada!

Mi cocker spaniel, Maddie, estaba extremadamente feliz de tenerme de vuelta en casa. Para ese momento, mi hermana mayor C.P. y Bill habían llegado para quedarse conmigo unos días. No había mucho que la gente pudiera hacer por mí. No tenía ganas de comer, así que dormía mucho. Maddie es una perrita muy apegada a su mamá, así que se acurrucaba conmigo en el sofá. No podía acostarme completamente plana, así que tenía que intentar dormir semiincorporada entre almohadas. Ahora estaba por mi cuenta. Tenía que aprender a ir al baño y a bañarme sin ayuda. Fue un camino largo de recuperación. No pude manejar durante semanas. Habrían sido meses, pero practiqué con un parche antes de la cirugía. Me alegro de haberlo hecho. No me veía atrapada en la casa durante meses. Volví a la iglesia en dos semanas, y la gente casi se desmayaba cuando me veía. Algunos me llamaban Job. Eso no me gustó, porque Job era hombre. Fue entonces cuando se me ocurrió el nombre Jobulene. Les decía que me llamaran Jobulene en lugar de Job. Me miraban con caras rarísimas, pero creo que entendían lo que quería decir.

Una de mis amigas me preguntaba constantemente cómo hacía para sobrellevar tantas malas noticias que seguían llegando una tras otra. No ha habido mucho descanso para mí, pero ¿qué se supone que debía hacer? ¿Acostarme y morirme? Hay que jugar con las cartas que a uno le tocan. No podemos pasarle los problemas a otra persona ni pedirle a Dios que los devuelva. Constantemente le pedía a Dios que me diera la fuerza para poner un pie delante del otro. Perdí amigos por el cáncer durante este tiempo, y aun así me consideré bendecida. El doctor Elkin me preguntó si estaba enojada con Dios, y se sorprendió cuando le dije que no. Le expliqué que había muchas personas en situaciones muchísimo peores que la mía. ¿Cómo iba a estar enojada con Dios? Yo seguía viva. También le conté al doctor Elkin que estuve enojada con Dios durante mucho tiempo por haberse llevado a mi madre, y que había decidido no volver a pasar por eso jamás. Dios sabe qué es lo mejor para mí, y confío en que cumplirá Su plan para mi vida. Sea cual sea ese plan, debe ser algo grande para que yo haya tenido que atravesar cosas tan terribles. Me he convertido en una persona muy fuerte gracias a estas pruebas. A mí me gusta llamarlas exámenes. ¡Y no me gusta reprobar exámenes!

Los problemas de salud siguen presentes. He tenido más cirugías y tendré más en el futuro. En este momento me están vigilando por un posible desprendimiento de retina en mi único ojo funcional. Todavía tengo problemas de picazón en el cuero cabelludo debido a daño nervioso, y me están ajustando una prótesis ocular. La forma de mi ojo izquierdo está cambiando y la presión ha disminuido. La prótesis ayudará a mantener la forma del ojo y me dará una apariencia más normal. Mi mayor preocupación en este momento es mi columna vertebral. No hay nada entre las dos vértebras inferiores de la parte baja de mi espalda, y el nervio ciático me está causando muchos problemas. Siento que otra cirugía se avecina en el horizonte.

CAPÍTULO 10

ESPALDA CONTRA LA PARED

He aprendido que cuando sientes que estás contra la pared, siempre hay alguien más que está pasando por cosas mucho peores que tú. Sé que a veces piensas que tu problema es el peor de todos, pero en el fondo sabes que eso no es verdad. Creo que Satanás quiere que pensemos así.

Vi la guerra en Irak desde mi sofá y escuché las historias horribles de tortura y asesinato. Nosotros aquí hemos tenido una vida libre. Esa gente sabe muy bien lo que es el sufrimiento. ¡Nada de paz! Tampoco la han tenido las personas en Israel o Palestina, ni en otros países del tercer mundo, como la paz que hemos tenido aquí en Estados Unidos. Creo que esa paz ya se perdió, ahora que los terroristas han traído su batalla a nuestro propio suelo. Viviremos para siempre mirando por encima del hombro, esperando el próximo ataque. Yo, sin embargo, no paso mi tiempo preocupándome por eso. ¿Quién tiene mi futuro? Dios. Por eso Dios escribió el Salmo 23. Dios sabía que vendrían tiempos oscuros y que necesitaríamos el consuelo de Sus palabras para acompañarnos. Cito ese salmo muy a menudo.

He estado en las sombras, mi vida ha estado en peligro, y Dios ha estado conmigo en cada paso del camino. Aprendí ese salmo cuando era niña y todavía lo uso ahora de adulta. Debemos mantener nuestros ojos puestos en Jesús y no distraernos. Si te imaginas a ti misma caminando sobre una cuerda floja con Jesús al otro extremo, entonces mantén los ojos en Él y no mires hacia abajo. Es cuando nos distraemos que Satanás intenta colarse y tomarnos por sorpresa. Es un diablo astuto. Estoy segura de que ha probado todos los trucos del libro y algunos más. Si se atrevió a tentar a Jesús en la cima de una montaña, ¿qué crees que hará contigo? Todo lo que pueda. No salgas de casa sin tu escudo de protección. Cuando mis hijas salían para ir a la escuela y manejaban, yo oraba por ellas todo el camino. Tenía que orar especialmente fuerte cuando Tiffany manejaba hacia Memphis, Tennessee. Ya es difícil cuando son mayores, pero Tiffany tenía quince años. ¡El tráfico de Memphis es bastante duro incluso para los adultos! Es peligroso.

Algún día, cuando lleguemos al cielo, creo que Dios nos permitirá ver los peligros que nos rodeaban. Creo que será interesante. Tal vez tú no lo pienses así. Siempre me ha interesado lo que no puede ser visto por nuestros ojos. Creo que por eso me interesan tanto los ángeles. Los he coleccionado a lo largo de los años. Están por todas partes a mi alrededor.

CAPÍTULO 11

ORACIONES A DIOS

Si tuviera que enumerar todas las oraciones que le he hecho a Dios, no habría suficiente papel en este mundo. Él nos dio el Padre Nuestro como una guía. Cuando era niña solía llevarlo colgado del cuello. Tenía una cruz que en el centro tenía una pequeña abertura donde se veía el Padre Nuestro. Trataba de leerlo cada vez que lograba quedarme quieta el tiempo suficiente. Siempre estaba en movimiento.

En algunas ocasiones me tocó orar en la mesa a la hora de la cena. Me encantaba la oración de mi abuelo. Era corta y sencilla, y yo siempre tenía hambre. También decía mis oraciones antes de dormir. Nunca olvidaré una oración que hice una noche, cuando le pedí a Dios que me diera paperas para poder quedarme en casa y no ir a la escuela. Bueno, mi deseo se cumplió. Mi hermana no dejaba de recordarme que tuviera cuidado con lo que pedía en mis oraciones en el futuro. Y es verdad. A veces le pedimos a Dios cosas sin saber que en realidad pueden ser malas para nosotros. Por eso es tan importante dejar que Dios tome esas decisiones. Recuerda, Él ve el panorama completo.

Oro por tantas personas que tuve que empezar un cuaderno para poder llevar el control de mis oraciones. Anoto la fecha, el nombre, el motivo de la oración y la fecha del resultado. Me asombra cómo terminan algunas de esas oraciones. Es importante ver que Dios sí responde las oraciones. Por eso anoto los resultados. Tal vez no sea la respuesta que tú querías, pero Dios siempre responde.

Creo que Jesús y los seres queridos que se nos han adelantado están en el cielo orando por nosotros. Saben que lo necesitamos. ¿Por qué no habrían de orar por nosotros? La oración es nuestra línea directa con Dios y está abierta las veinticuatro horas del día y de la noche. Mientras nosotros dormimos, ellos están despiertos y orando. Eso a mí me da mucha paz.

En nuestra iglesia tenemos oración de cobertura para el pastor mientras predica, y me parece algo maravilloso. También tenemos un grupo que ora con el hermano Gene Horton antes de que entre al santuario todos los domingos. Además, hay un equipo de oración que va a la iglesia para orar por peticiones específicas que se solicitan. También existe una cadena de oración de personas que llaman para pedir oración, y luego están los correos electrónicos que se envían solicitando oraciones específicas por quien lo necesite. Con lo ocupados que estamos hoy en día, tenemos que usar todas las formas posibles para pedir oración. Yo utilizo *The Upper Room* y al personal de CBN para oraciones adicionales. También recurro a todos mis amigos de Emaús, que son poderosos guerreros de oración. ¡No dejo nada sin intentar! Dios nos dio la oración como un llamado de auxilio, y yo pienso usarla todo el tiempo. Para mí, no hay nada tan pequeño como para no llevarlo delante de nuestro Padre en oración. Creo que algunas personas no quieren molestar a Dios, pensando que está demasiado ocupado para sus problemas. No hay nada más lejos de la verdad. A Satanás le encantaría que creyeras que Dios está demasiado ocupado para ti. ¡No compres esa mentira!

Paso la primera hora después de despertar hablando con el Señor antes incluso de poner un pie en el suelo. Por la noche, paso la última hora despierta hablando con mi Señor. Debemos humillarnos, pedir perdón y alabarlo. Esa es la fórmula para mí. Se la recomendaría a cualquiera. Y eso no es toda la oración que hago. Oro a toda hora, incluso mientras manejo. Con los ojos abiertos, por supuesto. A veces siento una necesidad especial de orar sin tener una explicación clara. Es Dios llamándome a orar. Más tarde he descubierto por qué.

CAPÍTULO 12

CARIDAD

La caridad me fue enseñada a través del amor de mi madre por los demás. Creo que tenemos que predicar con el ejemplo. No creo que nazcamos sabiendo preocuparnos por otros. A mí me heredaron muchas cosas, así que supongo que ahí empezó todo para mí. Vi a mi madre regalar ropa y comida a quienes no tenían tanto como nosotros. Recuerdo a mamá preguntándoles a personas de la iglesia o de la escuela si querían venir a recoger verduras para venderlas a las tiendas del pueblo, y yo me alegraba de ver a la gente venir a recoger lo que quedaba. No sé por qué me eligieron a mí para llamar por todo el pueblo y preguntar quién necesitaba verduras, pero ese era mi trabajo. Yo iba al huerto y le decía a mamá y a mi hermana Lou cuántas canastas teníamos que llenar para los pedidos. Luego tenía que unirme al grupo para completar esa cuota, además de lo que necesitábamos recoger para nosotros. Después entregábamos los pedidos y regresábamos a casa a desgranar, enlatar o congelar nuestra comida. Al menos mientras desgranábamos podíamos ver televisión. Hacíamos carreras para que el trabajo pasara más rápido. Gané algunas de esas carreras. Siempre estaban muy reñidas.

Tengo que contarte sobre la amiga de mi hermana, Diane. Íbamos a enseñarle a desgranar arvejas. Ella no sabía qué debía guardar y qué debía tirar. Yo pensé que estaba bromeando. Tengo que decir que creo que las personas que crecen en granjas aprenden mucho más que las de la ciudad. Supongo que estamos expuestos a más cosas.

Nunca tuvimos mucho dinero, pero nunca me consideré pobre como otros. Prácticamente cultivábamos todo lo que necesitábamos. Teníamos vacas lecheras y ganado para carne. Cultivábamos todas nuestras frutas y verduras. Mamá nos hacía la ropa hasta que fuimos lo suficientemente grandes para hacerla nosotras mismas. Ojalá pudieras haber visto los vestidos para recoger arvejas que mamá nos hacía. La tela venía de los sacos de harina. Nos los poníamos sobre los shorts para poder recoger el dobladillo del vestido y así sostener las arvejas hasta llegar al final de la fila y vaciarlas en las canastas. Eso nos permitía trabajar muy rápido. No tenías que ir arrastrando la canasta contigo. Me gustaría decir que fue idea mía, pero seguro fue de mamá. Con ambos padres trabajando, aun así era difícil llegar a fin de mes con cinco hijos y dos adultos que alimentar. Ojalá tuviera un video de nosotros comiendo en esa enorme mesa que mi padre hizo para que todos pudiéramos sentarnos juntos al mismo tiempo. Todo iba rápido. Tenías que agarrar lo que querías en la primera vuelta. ¿Recuerdas la canción "Pass the Biscuits Please?"

Después de que mamá falleció, llevé mi ropa vieja al Departamento de Salud para que la entregaran a familias necesitadas. Supongo que ahí fue a parar la ropa de mamá.

La hermandad a la que pertenecí en la universidad hacía trabajo caritativo para la Palmer House en Columbus, Mississippi. Cocinábamos para los niños y les dábamos regalos en Navidad. Me llenó de alegría ver a Heather recolectar ropa y juguetes para la Palmer House cuando fue elegida Miss Hospitality de Senatobia y del condado de Tate en 1994-1996. Más adelante, Heather también recolectó ropa, juguetes y zapatos para huérfanos en Rusia. Tiffany se unió a una hermandad y también le dieron regalos de Navidad a los niños de la Palmer House. Es maravilloso cuando ves a tus hijos seguir tus pasos.

Seguí ayudando a niños del delta cuando tuve la oportunidad. Mientras trabajaba con las escuelas, les donaba libros, videos y libros en audio para sus bibliotecas. En algunas ocasiones, también les di instrumentos musicales. A algunos niños les regalé bicicletas, y a otros les compré ropa interior y zapatos. Lo que supiera que necesitaban, yo trataba de proporcionarlo. Los maestros me ayudaban a saber qué hacía falta. Incluso compré víveres para algunas familias. Dios siempre ponía esas cosas en mi corazón, así que ¿cómo no iba a responder?

En la Biblia se nos instruye a dar lo que tenemos de más. Quédate con uno y entrega el otro. Cuando pienso en toda la ropa que tenemos, me siento tan mal. Mamá siempre decía que yo tenía más ropa de la que la ley permitía. Empecé a pensar que de verdad existía una ley que prohibía la cantidad de ropa que una persona podía tener. Me sentí tan aliviada al descubrir que eso no era cierto.

Cada vez que recibo dinero de la madera, doy a Mercy Corps para kits de alimentos o compro ovejas para pequeñas aldeas. Sé que cada persona puede hacer una diferencia, por pequeña que sea. En lugar de comprar flores para funerales, doy regalos que honran a esa persona. Prefiero dar un regalo que siga dando. Creo que la caridad comienza en casa.

También apoyamos a amigos misioneros. No siempre nos es posible viajar a otros países, así que apoyamos a Chris y Kelley Lett en México. Es muy difícil estar lejos del hogar y de los seres queridos, así que ofrecemos oraciones de protección y apoyo económico.

Otra forma en que contribuyo económicamente es a través de CBN cada mes. Tengo un débito automático en mi cuenta, así que el dinero se descuenta de inmediato antes de que gaste nada de lo mensual en mí. Me encanta ver CBN y observar cómo se usa mi dinero. Los niños están tan felices de recibir los regalos, y las cirugías que se brindan son increíbles. ¡Las historias son maravillosas! Me encanta ser parte del grupo de CBN. Algún día quiero ir con un grupo a llevar comida o juguetes a los niños.

Cuando pueda volver a viajar, me gustaría ir con Living Waters a Sudamérica para ayudar a llevar agua a las casas de personas muy necesitadas en pequeñas aldeas donde hay aves y otras cosas sucias en el único pozo de agua del lugar. No puedo imaginar lo horrible que debe ser tener que beber esa agua. Algunas personas tienen que caminar durante horas para conseguir agua.

Si conoces a alguien que necesite mejorar su autoestima, involúcralo en la caridad. Le da a la persona un sentido de valor propio. Ayudó a que nuestras hijas se dieran cuenta de lo bendecidas que son y a ver cómo vive la otra mitad del mundo. De verdad te abre los ojos.

Lo más importante que he aprendido sobre la caridad es que es lo que Jesús quiere que hagamos. Debemos llegar a ser más como Cristo, y esta es la forma más cercana en la que alguna vez nos pareceremos a Él. Él nos instruye a ayudar a los pobres y a los necesitados. Mi deseo es tener un corazón como el de Jesús. ¡Deja un legado!

CAPÍTULO 13

SALIENDO DE LA TORMENTA

Cuando Jesús estaba dormido en la barca, ¿recuerdas lo angustiados que estaban los discípulos? Pensaban que se iban a ahogar. Seguramente no se daban cuenta de quién era realmente Jesús ni de cuán poderoso era. Tal vez pensaban que era un hombre común como ellos, solo que más inteligente. Me habría encantado ver sus caras cuando Jesús extendió Sus brazos y le ordenó a la tormenta que se calmara. Debió haber sido algo impresionante de presenciar. Puedo imaginarme a mí misma agarrada al borde de la barca, con el agua salpicándome la cara. Sé que mi corazón habría estado latiendo a mil por hora. Nunca he estado en el agua durante una tormenta, pero puedo imaginar lo aterrador que habría sido para mí. Mi esposo fue a pescar en alta mar y quedaron atrapados en una tormenta a unas ochenta millas de la costa, con olas de tres a cuatro metros. Yo habría estado en el fondo de la embarcación gritando, llorando y orando sin duda alguna. A mí me gusta pescar teniendo tierra a la vista.

He tenido tormentas en mi vida que me han sacudido por completo, y algunas veces me he sentido volcada. Estas tormentas pueden dejarte tan indefensa como se sintieron los discípulos aquella noche. Pero Jesús siempre ha sido mi salvavidas. Incluso he sentido que me estaba hundiendo por tercera vez, pero ahí estaba la mano de Jesús extendiéndose para sacarme a salvo. Él siempre ha sido mi faro de luz en la oscuridad. Jesús nos está pidiendo que seamos Su luz para el mundo. Quiere que otros lo vean a Él a través de nosotros. ¿Qué tan difícil es eso? Deberíamos saltar de alegría por poder representarlo. Él pudo haber escogido a alguien más, pero nos está pidiendo a ti y a mí que hagamos Su obra mediante el poder del Espíritu Santo. Hay muchísimo poder en el nombre de Jesús. Solo tenemos que aprender a usarlo para Su gloria. ¿Conoces la canción "They Will Know We Are Christians"? La canción dice que sabrán que somos cristianos por nuestro amor. Hay personas que dicen ser cristianas, pero no podrías demostrarlo por sus acciones. Las acciones siempre hablan más fuerte que las palabras. Si estuvieras en juicio por ser cristiana, ¿habría pruebas suficientes para condenarte?

Si observas a cristianos verdaderos en medio de una crisis, verás y escucharás cuáles son realmente sus creencias. Yo he visto pruebas de esto en la televisión. Siempre hay algún reportero poniendo un micrófono frente a alguien que acaba de sufrir una gran pérdida. No puedo evitar sentir pena por esas personas. Mamá siempre decía: "No llores por una tostada quemada, porque algún día podrías llegar a casa y encontrarla quemada por completo". Es lo mismo que decir: "No te ahogues en un vaso de agua". Créeme, habrá muchas cosas "grandes" a lo largo de tu vida. No puedes esperar a que sucedan para reaccionar. Necesitas prepararte desde ahora. Jesús nos dice que construyamos una base sólida, porque no es cuestión de si las tormentas de la vida vendrán, sino de cuándo.

Estoy aquí para decir que he vivido muchas tragedias en mis cortos cincuenta y cuatro años, y sería una tonta si pensara que nada más puede hacerme daño. Mis batallas no han terminado, ni mucho menos. ¿Por qué los cristianos tendríamos que tenerla fácil? ¿Acaso Jesús la tuvo fácil mientras estuvo aquí en la tierra?

CAPÍTULO 14

LECCIONES APRENDIDAS

Si alguien me preguntara cuál es la lección más grande que he aprendido hasta ahora en la vida, tendría que decir que es que **soy valiosa**. A través de Jesucristo soy hecha valiosa. Nada de lo que yo haya hecho me ha dado ese valor. No he hecho grandes contribuciones ni he logrado hazañas extraordinarias. Satanás ha hecho todo lo posible por hacerme creer que no soy importante o que mi opinión no cuenta. Pero sé que eso no es cierto. Soy hija de Dios, y no hay nada que nadie pueda hacer para cambiar eso.

Otra lección que he aprendido es que hay que vivir lo que se predica y predicar lo que se vive. ¿De qué sirve tu testimonio si alguien te ve haciendo algo incorrecto o te escucha hablando mal de otra persona? Yo siempre les decía a mis hijas que había ojitos pequeños observándolas en la escuela. Si haces cosas solo para que tu nombre o tu foto salgan en el periódico, entonces necesitas cuestionar tus motivaciones. Dios dice que ese tipo de cosas se quemarán en el cielo.

He aprendido que no todas las buenas intenciones son bien recibidas por todo el mundo. Algunas se te devuelven como un boomerang, pero tienes que cargar con eso. No puedes dejar que una mala experiencia te detenga de hacer el bien a otros. Te sacudes el polvo y sigues adelante en el nombre de Jesús. No puedes hacer felices a todos todo el tiempo. Nunca hagas algo por otros esperando recibir algo a cambio. Si vas a hacer algo, hazlo porque sentiste el llamado de Dios. ¿Cómo te puede ir mal si sigues la guía de Dios?

No repitas los mismos errores. Si sigues haciendo lo mismo una y otra vez, obtendrás los mismos resultados. Tienes que cambiar lo que haces para obtener resultados diferentes. Tendemos a acomodarnos en rutinas. Por alguna razón, no nos gusta el cambio. Aquí es donde yo soy diferente a muchos. Fui criada para ser diferente, no para seguir a la multitud. Me enseñaron a aprender algo nuevo todos los días. Esa manera de pensar te hace buscar lo distinto. Tengo un diario en el que anoto datos nuevos. Obtengo información de todo tipo de medios. Supongo que por eso me gusta tanto CNN. Da las noticias más actuales y al día. Trae el mundo directamente a tu sala.

He aprendido a no criticar a las personas por sus acciones ni a burlarme de la forma en que se visten. Esto es algo que yo solía hacer, pero el buen Señor me corrigió. Usó a mis hijas para corregir mi comportamiento. Que tus propios hijos te corrijan es una forma muy poderosa de llamar tu atención.

He aprendido a concentrarme en mí misma y a no pasar el tiempo tratando de arreglar a los demás. Si estás ocupada trabajando en ti, no tendrás tiempo para encontrar defectos en otros. Sin embargo, Dios sí nos instruye a señalarle a otros cristianos cuando están haciendo algo que puede desviar a otros. Hay formas cuidadosas de hacerlo. No se trata de golpearlos entre los ojos con un martillo.

Creo que se puede aprender algo de cada experiencia. Si no aprendes de ella, lo más probable es que la repitas. A mí no me gusta hacer lo mismo dos veces.

CAPÍTULO 15

PLANTANDO SEMILLAS

No siempre he estado complacida con cada lugar en el que hemos vivido, pero creo que Dios nos envía a donde Él nos necesita. Pienso que por eso Dios incluyó la historia de Jonás en la Biblia. Podemos elegir florecer donde hemos sido plantados, o podemos elegir permanecer dormidos. Creo que Dios pone personas especiales en nuestro camino que nos inspiran, nos animan y crecen con nosotros en nuestro caminar espiritual con Él.

Cada iglesia tiene a sus "calentadores de bancas", y a veces me pregunto qué lleva a algunos cristianos a quedarse sentados sin hacer nada cuando hay tanto trabajo por hacer. En nuestra iglesia hay alrededor de veinticinco personas que lo hacen todo, y tenemos más de 400 miembros en los registros. Algunos se han mudado y no dejaron dirección, y otros solo asisten en días festivos. Creo que todas las iglesias tienen este problema.

He presentado varios proyectos muy buenos e ideas misioneras que han sido rechazadas por los miembros de nuestra iglesia, así que entiendo por qué algunos prefieren quedarse callados. Yo trabajo en los proyectos según el Señor me guía. Uno de mis dones es escribir tarjetas de ánimo. Sé de primera mano cómo una tarjeta puede levantar el ánimo de una persona, especialmente cuando está decaída o enferma. He pasado por eso. Siento compasión por los demás, así que tengo que escribir notas. Dios me ha dado este don, así que debo usarlo. ¿Recuerdas lo que Dios dice acerca de no usar tus talentos?

También envío tarjetas de cumpleaños y aniversarios. Esto no se limita solo a los miembros de la iglesia. También envío tarjetas de pronta recuperación a personas de la comunidad. Las tarjetas son una forma maravillosa de hacerle saber a alguien que estás pensando en él o ella. En el otoño es especialmente importante enviarles tarjetas a los jóvenes de primer año de nuestra iglesia para que sepan que, aunque estén fuera de nuestra vista, no los hemos olvidado. Quiero que sepan que estaré orando por su seguridad y por protección contra el mal mientras estén lejos de casa.

Trato de sembrar semillas dondequiera que voy, incluso en los hospitales. He dado testimonio a personas en los quirófanos mientras me preparaba para cirugías. Preferiría no tener tantas cirugías, pero si allí es donde Dios me necesita, entonces iré. Mi esposo estaba orando conmigo antes de mi última cirugía, y la enfermera le preguntó si era predicador. Dijo que sonaba como uno. Yo le respondí que había tenido mucha práctica orando con todas mis cirugías. Nunca sabes quién está escuchando.

La siembra más valiosa que he hecho hasta ahora es con la hija de una amiga, Amanda Williams. He "adoptado" a Amanda desde muy pequeña y la he animado a lo largo de los años. Amanda tiene un espíritu muy amoroso y puedo ver a Dios usándola para inspirar a otros. Estoy en su lista de contactos en la escuela por si necesita salir antes. Amanda me ayuda en la casa y llena un vacío muy importante en mi vida ahora que mis hijas ya crecieron y están casadas. Nos escribimos tarjetas de ánimo todo el tiempo. Amanda me presenta a sus amigos como su abuela, pero siempre le recuerdo que soy demasiado joven para eso. En realidad, soy como su segunda madre. ¡Amanda es un regalo de Dios!

Me gustaría que tuviéramos un programa de mentoría en nuestra iglesia, pero lo más parecido es apadrinar a un niño de la clase de confirmación. Los miembros se inscriben para participar.

Creo que Satanás usa nuestras vidas ocupadas y la confusión para robarnos tiempo, de modo que no podamos pasar más tiempo con nuestro Señor. Por eso es tan importante apartar un tiempo de quietud para la meditación, la oración y la lectura. No puede haber crecimiento espiritual sin estas tres cosas.

CAPÍTULO 16

DISPONIÉNDOTE PARA DIOS

Ponerte a disposición es extremadamente importante si vas a trabajar para el Señor. Si estás cargada con un horario de trabajo muy agitado o tienes una familia muy grande a la que cuidar, te perderás muchas oportunidades si no estás atenta a ellas. He aprendido con los años a escuchar a las personas, porque ellas mismas te dirán lo que necesitan. Si tú eres la que habla todo el tiempo, entonces no puedes escuchar sus necesidades. Además, hay que estar consciente en todo momento de que hay personas en todas partes a las que puedes tocar con una palabra amable o incluso con una sonrisa. Yo también regalo muchos abrazos al día. Una persona necesita al menos cinco abrazos diarios.

Muchas personas me han preguntado en despedidas de soltera, recepciones y mientras hago compras qué fue lo que le pasó a mi ojo. Los niños son los más curiosos. Estaba haciendo fila para entrar a una recepción de boda cuando un niño de unos diez años me preguntó por mi ojo. Se veía muy preocupado al ver a una adulta con un parche de pirata. Yo jugaba con uno cuando era niña, y aquí estoy usándolo otra vez a los cincuenta y cuatro años. Le dije que había perdido mi ojo a causa de un tumor. La expresión de su cara lo dijo todo. Cuando le conté que había nacido con él, su rostro mostró aún más preocupación. Supongo que eso era todo lo que necesitaba saber, porque salió corriendo y se puso a participar en las actividades del día. No me molesta contárselo a los demás. Dios me dio este tumor incluso antes de que naciera, así que Él sabía que lo usaría para hablarles a otros acerca de Jesús.

Otro encuentro ocurrió en Fred's Dollar Store en Coldwater, Mississippi. Al entrar a la tienda, un hombre soltó de golpe: "¿Qué le pasó a su ojo?". Le expliqué mi historia y se mostró muy preocupado por mi bienestar. Dijo que no sabía cómo habría manejado él una crisis así. Yo cité el versículo: "Y sabemos que a los que aman a Dios, todas las cosas les ayudan a bien". Romanos 8:28 ha sido uno de los favoritos de mi familia desde hace mucho tiempo. Él estuvo de acuerdo y salió por la puerta. Pude notar que las otras personas en la tienda no estaban contentas con la manera tan entrometida del hombre. Yo simplemente les sonreí para que supieran que para mí estaba bien tener la oportunidad de compartir a Jesús. Aprovecho cada oportunidad que se me presenta. Antes no compartía con extraños, pero ahora siento la urgencia de que el tiempo se está acabando. ¿Quién sabe cuánto tiempo tiene una persona en esta vida? Ese hombre pudo haber muerto tan pronto como salió de la tienda. Si soy la última persona en hablar con alguien, le pido a Dios que me dé la oportunidad de compartir Su amor con esa persona.

CAPÍTULO 17

¿POR QUÉ ESTOY AQUÍ?

¿Por qué estoy aquí? Esta es una pregunta que me he hecho miles de veces. Creo que todos nos la hemos hecho en algún momento de la vida. ¿Por qué estamos aquí cualquiera de nosotros? Estamos aquí para tener comunión con Dios. A veces me río de algunas de las cosas que he hecho y me pregunto si Dios habrá pensado que eso era lo suficientemente entretenido para Él. No parece posible que esa sea la razón, ¿verdad? Dios no nos necesita para hacer nada por Él. Él puede hacerlo todo por sí mismo. Lo que Él necesita y desea es tener comunión con nosotros. ¡Y eso sí que es algo que puedo hacer bien! Me encanta la comunión.

Uno de mis pasatiempos favoritos es trabajar en los Caminos de Emaús. Es la mejor forma de comunión con hermanos y hermanas en Cristo que conozco aquí en la tierra. Yo lo veo como adelantarnos un poco al cielo. En el cielo estaremos en comunión con Dios, con Jesús, con nuestros seres queridos, con la familia, con hermanos y hermanas. ¿Por qué esperar hasta llegar al cielo? Tengamos comunión ahora. Alabemos a Dios y cantemos cantos de adoración ahora. Ya tenemos la eternidad, lo sepas o no. Irás a un lugar o al otro. ¿En qué lugar pasarás la eternidad? ¿Área de fumadores o de no fumadores? Cuando veo a la gente quejarse del calor o de que se fue la luz, no puedo evitar preguntarme por qué no les preocupa el calor del lugar al que se dirigen. Si creen que aquí hace calor, más les vale pensarlo dos veces.

Si Dios me ha permitido pasar por todas mis pruebas y tribulaciones para que pudiera escribir este libro, entonces ha valido la pena cada minuto de dolor y sufrimiento. Si este libro ayuda a salvar una sola vida, entonces ha valido la pena. Quiero hacer todo lo que esté a mi alcance para que las personas acepten a Cristo como su Señor y Salvador. Si no has sido salva, quiero invitarte a que le pidas a Jesús que entre en tu corazón. Acepta a Jesús, cree que Jesús murió en la cruz por tus pecados y pídele que te perdone por ellos. Así de simple. Deja que Jesús cambie tu vida para siempre. Y si ya eres salva, ¡nos vemos del otro lado! ¡De Colores!

9 798886 153736